Dialog mit der Antike
Herausgegeben von Klaus Bartels
Band 6

Bist Du's Aeneas

Vergils Aeneis, travestiert von Aloys Blumauer
Erstes, zweites, viertes und sechstes Buch

Dialog mit der Antike
Heimeran

Die erste vollständige Ausgabe von «Virgils Aeneis, travestiert von Blumauer» erschien in drei Bänden in Wien bei Rudolph Gräffer, 1784, 1785 und 1788. Die Neuausgabe wurde besorgt durch Klaus Bartels.
Das Titelbild, eine Illustration von T. H. Hosemann, ist Blumauers Gesammelten Schriften, Band I, Stuttgart 1871, entnommen. Es zeigt den «frommen Helden» Aeneas, wie er sich von der verregneten Jagd mit Hündchen, Doppelbüchse und Schirm in die Höhle flüchtet, «wo eben, bis aufs Hemdchen naß, / die so verliebte Dido saß, / ihr Unterröckchen trocknend.» Bist Du's, Aeneas?

Archiv 541 ISBN 3 7765 0203 7
Grafische Gestaltung: Geith & Weijers
Druck: Genossenschaftsdruckerei Zürich
Printed in Switzerland

INHALT

Ihr Herrn, aus deren Feder Tod
Und Leben willig fließen,
Sagt, macht ihr euch denn nicht vor Gott
Und Menschen ein Gewissen
Ob eurer Federn Mordbegier?
Bedenkt doch, daß die Welt – und ihr –
Viel lieber lacht als weinet!

ERSTES BUCH

Wie der fromme Held Aeneas über Meer auf die Fahrt ging und von einem Sturm gar unsanft hergenommen, hierauf aber von der Königin in Libya freundlich aufgenommen und köstlich bewirtet ward.

Es war einmal ein großer Held,
  Der sich Aeneas nannte:
Aus Troja nahm er's Fersengeld,
  Als man die Stadt verbrannte,
Und reiste fort mit Sack und Pack,
Doch litt er manchen Schabernack
  Von Jupiters Xanthippe.

Was mochte wohl Frau Wunderlich
  So wider ihn empören?
Man glaubt, Göttinnen sollten sich
  Mit Menschen gar nicht scheren;
Doch Göttin her und Göttin hin!
Genug, die Himmelskönigin
  Trug's faustdick hintern Ohren.

Der Apfel war's, der sie so sehr
  Seit Paris' Zeiten schmerzte,
Und Ganymedes, den ihr Herr
  Auf pädagogisch herzte:
Und da beging Aeneas gleich
Bei der Geburt den dummen Streich
  Und war – verwandt mit beiden.

Drum mußt' er, eh er Welschland sah,
  Gewaltig viel ertragen:
Bald mußt' er sich in Afrika
  Mit Sturm und Liebe schlagen,
Bald droht' ihm ein Rival den Tod,

Kurzum, er hatte Teufelsnot,
  Den Vatikan zu gründen.

Kaum sah ihn Juno auf dem Meer,
  So sprach sie: «Glück auf Reisen!
Ihr kommt mir eben recht daher:
  Geduld, ich will euch weisen,
Was eine Königin vermag,
Die ihres Mannes Hosensack
  Und Donnerkeil regieret.»

Sie ließ sich nach Aeolien
  Auf ihrem goldnen Wagen
Bis hin, wo itzt Paris zu sehn,
  Von ihren Pfauen tragen.
Hier hält, wenn er nicht wehen mag,
Aeol in einem großen Sack
  Die Winde eingesperret.

Die Göttin war voll Freundlichkeit
  Und sprach: «Mein lieber Vetter!
Seid doch so gut und macht mir heut
  Ein kleines Donnerwetter.
Ich hasse die Trojanerbrut,
Darum, Herr Vetter, seid so gut
  Und lehrt die Spatzen schwimmen.

Zerstreut die Flotte, haust recht toll,
  Jagt sie nach allen Zonen;
Mein schönstes Kammermädchen soll
  Heut nacht dafür euch lohnen;
Laßt alle Wind' ins Meer hinein
Und orgelt hübsch mit Donner drein,
  Mein Herr Gemahl soll blitzen.»

«Gestrenge Frau Gebieterin,
  Ihr habt nur zu befehlen;

Doch will ich euch, wie arm ich bin
An Winden, nicht verhehlen:
Mein Auster hat die Lungensucht,
Mein Eurus ist nun auf der Flucht
Und dient den Zeitungsschreibern.

Mein Nordwind, den wir itzt zum Wehn
Am besten brauchen könnten,
Ist atemlos: ich lieh ihn den
Berliner Rezensenten,
Die machten ihn zum Hektikus;
Doch wird ihn bald ihr Überfluß
An Eselmilch kurieren.

Sogar den Zephyr haben mir
Die Dichter weggenommen;
Allein die Schifferrotte hier
Soll drum mir nicht entkommen.
Gebt nur auf euern Kopfputz acht,
Und dann vergeßt nicht auf die Nacht
Mir auch fein Wort zu halten.»

Aeol eröffnete den Sack:
Potz Blitz, das war ein Sausen!
So werden bis zum jüngsten Tag
Die Winde nimmer brausen.
Die einen bliesen Wolken her,
Die andern legten an dem Meer
Sich auf den Bauch und bliesen.

Wie siedend Wasser sprudelte
Das Meer in seinem Kessel,
Und in den Schiffen tummelte
Sich jeder auf vom Sessel.
Der eine machte Reu und Leid,
Der andre fluchte, wie ein Heid,
Der dritte lief ans Ruder.

Die Schiffe flogen her und hin,
  Es brachen Tau und Stangen,
Die ganze Himmelskuppel schien
  Kohlrabenschwarz umhangen.
Aeol vermehrte noch den Graus
Und putzte 's Licht am Himmel aus:
  Da sah kein Mensch den andern.

Der Sturm erhob sich immer mehr
  Mit jedem Augenblicke:
Die Blitze schnitten kreuz und quer
  Das Firmament in Stücke:
Der Donner ging ohn' Unterlaß
Bald im Diskant und bald im Baß,
  Der Wind akkompagnierte.

Aeneas schrie und zitterte
  An Händen und an Füssen:
«O hätt' ich doch, wie andere,
  Zu Haus ins Gras gebissen!
So aber muß ich armer Gauch
Vielleicht in einem Walfischbauch
  Mein Heldenleben enden.

O wär' ich doch, o Sarpedon!
  Bei dir im Himmel oben,
So wär' ich doch des Sterbens schon
  Auf immer überhoben!»
Nachdem er viel solch Zeug geschwätzt,
Verlobt' er noch zu guter Letzt
  Sich heimlich nach Loreto.

Indessen ging's im Sturmgeheul
  Den Schiffern miserabel:
Ein Schiff verlor den Hinterteil,
  Das andere den Schnabel.
Und selbst Aeneens Orlogschiff

Sah man, so wie der Sturmwind pfiff,
  Auf Wogenspitzen tanzen.

Ein Teil der Schiffe scheiterte
  Und hing gespießt auf Klippen,
Den anderen zerschmetterte
  Ein Wellenschlag die Rippen,
Hier schwammen Hosen, da ein Rock,
Dort hielt ein Schwimmer einen Block
  Inbrünstig in den Armen.

Indessen hat Neptun, wiewohl
  Sehr spät, den Spuk vernommen:
Er ward darüber teufelstoll
  Und ließ die Winde kommen.
«Vermaledeites Lumpenpack!»
Rief er, «ha! diesen Schabernack
  Soll euer Herr mir büßen!

Sagt ihm, dem hundertjährigen
  Windbeutel: er soll gehen,
Sonst laß ich seinem windigen
  Gesind das Maul vernähen.
So wahr ich Engelländer bin,
Ich halte Wort! Nun mögt ihr ziehn –
  Still, Wellen, still! –, ihr Schurken!»

Drauf stieg er ins Pierutsch hinein
  Und ebnete die Wellen:
Bald pflegte sich der Sonnenschein
  Auch wieder einzustellen.
Des ward Aeneas herzlich froh
Und ging *in dulci iubilo*
  In Libyen vor Anker.

Die Helden kamen hier ans Land
  Wie die getauften Mäuse:

Sie machten Feuer an dem Strand
  Und sahn nach Trank und Speise.
Sie taten hier als wie zu Haus:
Sie zogen ihre Hemden aus
  Und hingen sie zum Feuer.

Drauf ging Aeneas in den Wald
  Und schoß ein Dutzend Hasen:
Und dieser Braten füllte bald
  Mit Wohlgeruch die Nasen.
Kaum war nun auf dem weichen Gras
Der Tisch zum Mahl gedeckt, so fraß
  Ein Hasenfuß den andern.

Eh noch das Mahl ein Ende nahm,
  Ging Punsch herum im Kreise,
Und als es zur Gesundheit kam,
  Sang jeder diese Weise:
«Es lebe Mut und Tapferkeit!
Stoßt an: es lebe, wer sich heut
  Im Meere – tot gesoffen.»

Herr Zeus saß – *salva venia* –
  Soeben frisch und munter
Auf seinem Leibstuhl, und da sah
  Er auf die Welt herunter;
Denn das war so der Augenblick,
An dem er mit der Menschen Glück
  Sich abzugeben pflegte.

Frau Venus kam und machte da
  Dem Donnerer Visite;
Denn da versagte der Papa
  Ihr niemals eine Bitte.
«Ach, Herr Papa!» so fing sie an,
«Was hat mein Sohn euch denn getan,
  Daß ihr so sehr ihn hudelt?

Er soll, nicht wahr, ich merk' es wohl,
   Italien nicht finden?
Verspracht ihr mir nicht selbst, er soll
   Noch Roms Triregnum gründen?
Und weil ihr da des Leibes pflegt,
Geht euer Weibchen her und neckt
   Mir meinen armen Jungen.»

Der Alte schnitt ein Bocksgesicht
   Und küßt' ihr sanft die Wange:
«Mein Kind, bekümmre dich nur nicht,
   Mir ist für ihn nicht bange:
Wird nicht dein Sohn der Urpapa
Der Datarie und Curia,
   So heiß mich einen Schlingel!

Und daß du so gerade hier
   Mich trafst, soll dich nicht reuen;
Ich will auf meinem Dreifuß dir
   Ein bißchen prophezeien:
Gib acht! – Fürs erste baut dein Sohn
In Latium sich einen Thron
   Und stiftet die Lateiner.

Hierauf kömmt Romulus, und den
   Wird eine Wölfin säugen,
Drum wird er einen mächtigen
   Instinkt zum Rauben zeigen;
Das wird ein Kerl nach meinem Schlag,
Der schiebt die halbe Welt in Sack
   Und schenkt sie seinen Römern.

Nach diesem wird ein Reich entstehn,
   Das hat nicht Weib noch Kinder;
Und dennoch wird die Welt es sehn,
   Es dauert drum nicht minder.
Ja, was noch weit unglaublicher:

Es wird sich wie das Sternenheer
Am Firmament vermehren.

Auch dies Reich faßt die Herrschbegier
Dann mächtig bei den Ohren;
Den Römern, Kind, ich sag es dir,
Ist's Herrschen angeboren.
Und so von einem Weltchen sich
Gefürchtet sehn, ist – hole mich
Der Teufel! – gar nicht übel.

Der also dieses Reich regiert,
Wird sehr die Welt kuranzen.
Ein jeder fromme König wird
Nach seiner Pfeife tanzen.
Er hält von andrer Leute Geld
Ein großes Kriegsheer, und die Welt
Küßt ihm dafür den Stiefel.

Er kann mit seiner rechten Hand
Die größten Wunder wirken,
Erobert das gelobte Land
Und massakriert die Türken.
Wie einen Apfel teilt er dir
Die halbe Welt – schenkt diesem hier
Und jenem da die Hälfte.

Ihn werden Völker auf den Knien
Wie einen Gott verehren;
Tut's einer nicht, so wird er ihn
Durch Feuer Mores lehren.
Auch trägt er einen größern Hut
Als ich, und blitzt sogar – doch tut
Sein Blitzen wenig Schaden.

Ja, einer soll sogar einmal
Ein Kindlein prokreieren;

Das soll von unserm Feldmarschall,
  Herrn Mars, den Namen führen.
Es läßt mich zwar Virgilius
Das prophezein; allein man muß
  Dem Narrn nicht alles glauben.

Weil nun die Welt gewohnt schon ist,
  Von Rom zu dependieren,
So wird, so lang man Füße küßt,
  Dies Reich nicht exspirieren.
Der Römer Herrschsucht – kurz und gut –
Steckt nun einmal in ihrem Blut.
  So les' ich in den Sternen. –

Was deinem Sohne heut geschah,
  Soll nicht mehr arrivieren;
Er soll sich itzt in Afrika
  Ein bißchen divertieren.
Merkur! geh nach Karthago hin
Und sag': Ich laß der Königin
  Den Mann rekommandieren.»

Indessen ging Aeneas sehr
  Bekümmert längs dem Meere
Und suchte sehnlich jemand, der
  Ihm sagte, wo er wäre?
Denn Libyen sah er noch nie,
Und auch in der Geographie
  War er nicht sehr bewandert.

Da kam ihm eine bucklichte
  Zigeunerin entgegen,
Die sah ihn an und lächelte
  Und rief: «Viel Glück und Segen:
Ei gebt doch euer Pfötchen her,
Um einen lichten Groschen, Herr,
  Sag ich euch Wunderdinge.»

Der fromme Ritter glaubte noch
An Hexen und dergleichen;
Drum fragt' er nur, ohn' ihr jedoch
Die flache Hand zu reichen:
«Sagt mir: wie heißt die Gegend hier?
Gibt's etwa Menschenfresser hier?
Sind Griechen in der Nähe?»

«Das Land», sprach sie, «heißt Libya.
Die schönste aller Frauen
Läßt sich in dieser Gegend da
Ein hübsches Städtchen bauen.
Sie ist ein Weib wie Milch und Blut
Und euersgleichen herzlich gut –
Auch noch dazu itzt Witwe.

Aus Geiz erschlug ihr Bruder ihr
Den vielgeliebten Gatten;
Sie stahl ihm all sein Geld dafür,
Und wußte sich zu raten.
Von diesem Gelde kaufte sie
Dies Ländchen sich. – Doch sagt mir, wie
Kommt ihr hieher? Wer seid ihr?»

«Ich bin», sprach er, «der fromme Held
Aeneas, euch zu dienen,
Unüberwindlich in dem Feld
Und hinter den Gardinen;
Am ganzen Himmelsfirmament
Ist nicht ein Stern, der mich nicht kennt
Und meine Heldentaten.

Wir überstanden Sturm und Graus,
Nun ist die Not noch größer;
Der Rum und Zwieback ging uns aus,
Und leer sind unsre Fässer.
Von zwanzig Schiffen blieben mir

Nur sieben, und auch diesen hier
  Tut's not, sie auszuflicken.»

«Dort in Karthago wirst du», sprach
  Die Alte, «fürstlich leben.
Geh itzt nur deiner Nase nach,
  So wird sich alles geben.»
Sprach's und erhob sich in die Luft.
Aeneas roch Lavendelduft
  Und kannte seine Mutter.

Er stutzt', und es verdroß ihn schier,
  Daß man ihn so vexieret;
Doch hatt' ihn die Mama dafür
  In Nebel einballieret.
Der Nebel war zwar ziemlich dünn,
Doch können unsre Damen ihn
  Zum Halstuch schwerlich brauchen;

Denn hinein sah man keinen Stich,
  Doch heraus desto besser.
In dieser Rüstung wagte sich
  Nun unser Eisenfresser
Bis mitten in die Stadt hinein
Und nahm den Bau in Augenschein,
  Den man soeben führte.

Die einen gruben Brunnen aus,
  Die andern bauten Ställe,
Hier baute man ein Opernhaus,
  Dort eine Hofkapelle;
Da wurden Brücken aufgeführt
Und Nepomuke drauf postiert;
  Dort sah man einen Pranger.

Hier stand ein Rathaus, funkelneu –
  Bis auf die Ratsherrn – fertig,

Dort war der Turm der Domprobstei
  Noch seines Knopfs gewärtig;
Hier baute man ein Findelhaus,
Da grub man einen Keller aus
  Und baute drauf – ein Kloster.

Doch ein Kaffeehaus in der Näh'
  Ließ unsern Mann nicht weiter:
Er ging hinein, trank Milchkaffee
  Und las den Reichspostreiter.
Aeneens Flucht aus Trojens Glut,
Sein Sturm, sein Schiffbruch und sein Mut
  Stand alles schon darinnen.

Drauf ging er in die Residenz,
  Die Fürstin zu begaffen.
Sie gab itzt eben Audienz
  Und hatte viel zu schaffen.
Er guckte lange nach ihr hin
Und dachte sich in seinem Sinn:
  Mein Seel', ein Weib zum Fressen!

Auf einmal kam ein Trupp herbei,
  Voll Mist bis an die Ohren:
Es war Aeneens Klerisei,
  Die er im Sturm verloren.
Die warfen vor der Fürstin Thron
Sich hin und baten um Pardon
  Und Holz für ihre Schiffe.

«O Königin!» so schrien sie hier
  Aus einem Mund zusammen:
«Vergib uns Fremdlingen, daß wir
  An dein Gestade schwammen.
Und siehest du nicht gern uns hier,
So nimm den Sturmwind her dafür,
  Der uns hieher verschlagen.

Als unsre Schiffe mit dem Steiß
  Auf einer Sandbank saßen,
Hat uns Aeneas – Gott verzeih's
  Dem Schlingel! – sitzen lassen.
Wir bitten dich, erhöre uns!
Befiehl uns, was du willst, wir tun's,
  Nur laß uns nicht verhungern!»

Frau Dido sprach: «Es ging euch schwer,
  Die Augen gehn mir über;
Allein wo ist denn euer Herr?
  Der wäre mir noch lieber.»
«Da ist er!» – schrie nun mit Gewalt
Aeneas, daß das Zimmer hallt,
  Und sprang aus seinem Nebel.

Er war auf einmal wunderschön;
  Mama wußt' ihn zu zieren:
Sie ließ von ihren Grazien
  Ihn kurz vorher frisieren.
Sie gab ihm einen Anstrich mit,
Und ihr Gemahl, der Messerschmied,
  Mußt' ihn vorher barbieren.

Nun war ein Jubel überall:
  Man drückte sich die Hände,
Schnitt Komplimente in dem Saal,
  Der Jammer hatt' ein Ende.
Wer da war, blieb sogleich im Schloß;
Dem Schiffsvolk schickte Dido, bloß
  Zum Frühstück, hundert Ochsen.

Nun ließ Aeneas von dem Schiff
  Auch die Geschenke kommen,
Die er, als er aus Troja lief,
  Zur Vorsicht mitgenommen:
Den Unterrock der Helena,

Den Schmuck der alten Hekuba
Nebst ihren Augengläsern.

Doch während in dem Schlosse schon
Die Bratenwender schwirren,
Sann Venus drauf, für ihren Sohn
Der Fürstin Herz zu kirren.
Denn ein Weib traut dem andern nie,
Und auf Aeneens Galantrie
War sich nicht zu verlassen.

Sie ging zum Amor hin und sprach:
«Mein lieber Sohn Cupido,
Gib deiner Mutter Bitten nach
und kapre mir die Dido.
Dein Bruder ist ein dummer Hans,
Zu ungeschickt, nur eine Gans
In sich verliebt zu machen.

Du gehst itzt als Askan ins Schloß
Zu ihr mit den Geschenken;
Läßt sie dich reiten auf dem Schoß,
So hüte dich vor Ränken:
Wenn sie dich aber herzt und küßt,
So jag' ihr, wie's gebräuchlich ist,
Den Liebspfeil durch die Gurgel.

Damit mir aber nicht Askan
Verdirbt den ganzen Handel,
Geb' ich ihm Opium, vier Gran,
In einem Zuckerkandel,
Und nehm' ihm seine Kleider all,
Dann trägst du, Kind, zum erstenmal
In deinem Leben Hosen.»

Weil Amorn nun nichts lieber war,
Als Herzen zu erschnappen,

So ließ er gleich sein Flügelpaar
  Sich auf den Rücken pappen:
Zog auf der Stelle vom Askan
Rock, Kamisol und Hosen an
  Und eilte nach Karthago.

Er schleppte die Geschenke hin
  Bis in den Saal, da saßen
Aeneas und die Königin
  Schon bei dem Tisch und aßen.
Das war ein Mahl! So eines hat
Kein infulierter Reichsprälat,
  So lang man ißt, gegeben.

Denn man verschrieb das Zugemüs
  Durch reitende Stafetten,
Ragouts und Saucen aus Paris,
  Nebst Zwergen in Pasteten.
Das Rindfleisch war aus Ungarn da,
Die Vögel aus Amerika,
  Aus Lappland das Gefrorne.

Meerspinnen, Karpfen aus der Theiß,
  Forellen, kaum zu messen,
Granelli, von der Pfanne heiß,
  Aeneens liebstes Fressen.
Ein ganzer Ochs war's Tafelstück,
Der Spargel, wie mein Arm so dick,
  Und Austern, groß – wie Teller.

Auch Kirschen, Ananas sogar,
  Und Erdbeer' im Burgunder:
Und dann die Torte: – ja, die war
  Der Kochkunst größtes Wunder!
Sie präsentierte Trojens Brand,
Und oben auf den Flammen stand
  Aeneas – ganz von Butter.

Und, o der Wein! da wässert mir
  Der Zahn, wenn ich dran denke:
Tokayer, Kapwein, Malvasier
  Stand maßweis auf der Schenke,
Muskat und Ofner noch viel mehr:
Mit unserm Sechsundvierziger
  Wusch man sich nur die Hände.

Potz Sapperment! Bald hätt' ich hier
  Den Wein, der bei dem Essen
Den Helden allen und auch mir
  Der liebste war, vergessen!
Champagner! o den sahn wir kaum,
So soffen wir, daß uns der Schaum
  Am Barte noch moussierte.

Nun kam Askan. Die Königin
  Erblickte kaum den Knaben,
So wollte sie vor allen ihn
  Auf ihrem Schoße haben:
«Ein allerliebster kleiner Dieb!
Komm her, Askanchen! hast mich lieb?
  Ach, ach, ein Kind zum Fressen!»

Frau Dido konnte gar nicht satt
  Sich an dem Jungen küssen;
Doch ach, was sie am Sohn itzt tat,
  Wird sie am Vater büßen.
Beim ersten Kusse von Askan
Da trollte schon ihr sel'ger Mann
  Sich fort aus ihrem Herzen.

Beim zweiten Kuß fiel schon ihr Blick
  Auf ihren neuen Gecken,
Beim dritten wollt' er noch zurück,
  Beim vierten blieb er stecken.
Beim fünften, sechsten, siebenten

War's um ihr armes Herz geschehn:
  Es schlug ihr, daß man's hörte.

Selbst alle die Geschenke sah
  Sie kaum, die vor ihr lagen:
Den Schmuck der alten Hekuba,
  Schon ziemlich abgetragen,
Den Unterrock der Helena,
Zerlöchert wie die Rudera
  Von einer Feldstandarte.

Askan fraß nun in einem weg
  Nichts als Studentenfutter,
Frau Dido strich ihm Schnepfendreck
  Aufs Zuckerbrot wie Butter:
Und nach gestilltem Appetit
Nahm er Dragant und warf damit
  Herum nach allen Gästen.

Nachdem sich die Schmarotzer voll
  Gefressen zum Zerspringen,
Befahl die Königin, man soll
  Ihr einen Tummler bringen:
Und diesen Tummler füllte sie
Bis oben an und hob mit Müh'
  Ihn schweppernd in die Höhe.

«Es leb' Aeneas!» rief sie aus,
  «Und wer ihn liebt, nicht minder!
Zeus segne sein erlauchtes Haus
  Und geb' ihm viele Kinder!»
Bei Pauken- und Trompetenschall
Trank sie den mächtigen Pokal
  Rein aus bei einem Tropfen.

Das Mahl nahm nun, wie jedes Ding
  Auf dieser Welt, ein Ende.

Man wischte sich das Maul und ging
  Und wusch sich dann die Hände.
Aeneas saß zum Spieltisch hin
Und spielte mit der Königin
  Mariage um einen Kreuzer.

Des Abends ward das Trauerspiel
  «Othello» aufgeführet;
Als sich der Held erstach und fiel,
  Ward greulich applaudieret.
Und weil sein Tod so rührend war,
So mußte sich der arme Narr
  Ein paar Mal noch erstechen.

Indes ward mit Provenceröl
  Die Stadt illuminieret
Und auf der Königin Befehl
  Im Tanzsaal musizieret.
Man tanzte sich bald matt und heiß
Und setzte sich darauf im Kreis
  Herum und spielte Pfänder.

Man war vergnügt, die Fürstin bloß
  Fand dran kein Wohlbehagen,
Sie saß Aeneen auf dem Schoß
  Und setzt' ihm hundert Fragen:
Wie viel Trojanern das Genick
Achilles brach? wie lang und dick
  Sein Speer war? und dergleichen.

Doch den Aeneas lustete
  Nach Pfändern und nach Küssen:
Er spielte mit; allein, o weh!
  Wie bitter mußt' er's büßen!
Nicht lang, so hieß es: «Wem dies Pfand
Gehört, der soll uns Trojens Brand
  Der Länge nach erzählen.»

ZWEITES BUCH

Wie der fromme Held Aeneas der Königin Dido und ihrem Hofgesind die Abenteuer seiner letzten Nacht in Troja und die Zerstörung dieser weltberühmten Stadt gar rührend und umständlich erzählt.

Im rotdamastnen Armstuhl sprach
   Aeneas nun mit Gähnen:
Infantin! laßt das Ding mir nach,
   Es kostet mich nur Tränen.
Doch alles spitzte schon das Ohr,
Frau Dido warf die Nas' empor
   Und schien fast ungehalten.

Was wollt' er tun? Er mußte wohl
   Den Schlaf vom Aug' sich reiben:
Er nahm zwo Prisen Spaniol,
   Sich's Nicken zu vertreiben:
Drauf räuspert' er sich dreimal, sann
Ein wenig nach und legte dann
   Sein Heldenmaul in Falten.

«Die Griechen hielten uns umschanzt
   Zehn volle Jahr' und drüber;
Allein wo man Kartätschen pflanzt,
   Da setzt es Nasenstieber.
Dies schien den Griechen nun kein Spaß,
Denn – unter uns – sie hielten was
   Auf unversengte Nasen.

Mit langen Nasen wären sie
   Auch sicher abgezogen,
Hätt' uns nicht Satanas durch sie
   Zu guter Letzt betrogen:
Der gab der Brut ein Kniffchen ein,

Sie taten's, schifften flugs sich ein
  Und schossen Retirade.

Auf einmal war's wie ausgekehrt
  Im Lager, doch sie ließen
Zurück ein ungeheures Pferd
  Mit Rädern an den Füßen.
Sankt Christoph selbst, so groß er war,
Hätt' ohne Ruptions Gefahr
  Den Gaul euch nicht geritten.

Der Bauch des Rosses schreckte baß
  Uns seiner Größe wegen;
Es war das Heidelberger Faß
  Ein Fingerhut dagegen.
Und in dem Bauch – o Jemine!
Da lagen euch wie Heringe
  Zehntausend Mann beisammen.

Doch um das rechte Konterfee
  Von diesem Roß zu wissen,
So denkt, die Arche Noe steh
  Vor euch – doch auf vier Füßen;
Gebt *à proportion* dem Tier
Noch Kopf und Schwanz, so sehet ihr
  Das Monstrum *in natura*.

In Wien, heißt's, ist man kurios,
  In Troja war's noch drüber:
Sie liefen hin zum Wunderroß,
  Als hätten sie das Fieber.
Da gab's Dormeusen, Kapuchon,
Und Hüte *à la Washington*
  Zu Tausenden zu sehen.

Man guckte sich die Augen matt
  Und hatte viel zu klaffen;

Allein wie's geht, der Pöbel hat
  Nur Augen zum Begaffen,
Er sieht oft, wie Herr Wieland spricht,
Den Wald vor lauter Bäumen nicht:
  So ging's auch den Trojanern.

Die Politiker taten breit
  Und machten tausend Glossen,
Doch hatten alle meilenweit
  Das Ziel vorbeigeschossen;
Zwar rief ein Kästenbraterweib:
«Das Roß hat Schurken in dem Leib!»
  Doch die ward ausgepfiffen.

Und eh sich's nur ein Mensch versah,
  Da war, uns zu belehren,
Ein Eremit aus Argos da,
  Der bat, man möcht' ihn hören!
Doch macht' er's, wie die Redner all:
Denn er begann von Evens Fall,
  Um auf das Pferd zu kommen.

«Das Pferd», so schwur er, «haben wir
  Ex voto machen lassen
Und haben's Sankt Georgen hier
  Zu Ehren unterlassen;
Weh dem, der dran zum Sünder wird!
Es ist geweiht und angerührt
  An Sankt Georgens Schimmel.»

Und als noch hie und da ein Ohr
  Unüberzeugt geblieben,
So wies er die Authentik vor,
  Auf dieser stand geschrieben:
«Wen unser Wort nicht überführt,
Der sei anathematisiert!
  Denn wir sind infallibel.»

Und als um unser Ohr herum
  Zwo Fledermäuse schwirrten,
Da war kein Mensch so blind und dumm,
  Den sie nicht überführten;
Und alles schrie: – Mirakulum!
Der Schimmel ist ein Heiligtum,
  Laßt in die Stadt ihn bringen!

Es hieß: man wird dem heil'gen Tier
  Die Mauern öffnen müssen.
Flugs waren zwo Kartaunen hier,
  Um Bresche drein zu schießen.
Dem Schutzpatron indessen ward
Von unsrer lieben Jugend zart
  Ein Hymnus abgesungen.

Nach diesem nun belegte man
  Den Gaul mit vielen Stricken,
Ganz Troja spannte sich daran,
  Ihn von dem Fleck zu rücken.
Die Mädchen waren auch nicht faul,
Und jede band dem Wundergaul
  Ihr Strumpfband um die Füße.

Und kaum war mit dem heil'gen Roß
  Der Zug nun angegangen,
So feurte man die Stücke los,
  Und alle Glocken klangen.
So ward der neue Schutzpatron
In feierlicher Prozession
  In Troja einquartieret.

Dem Gaul zu Ehren ward fortan
  Ein Hochamt abgesungen,
Zur Ehrenpredigt hatte man
  Herrn Pastor Götz gedungen.
Drei Stunden nach der Predigt fand

Man Trojens sämtlichen Verstand
Im Rebensaft ertrunken.

Indessen ging die Sonne still
In unserm Golfo unter:
Ein jeder schnarchte, wo er fiel;
Der Pfaffe nur blieb munter.
Zwar soff der Kerl als wie ein Leu,
Doch trank er unsre Klerisei
Eh als sich selbst zu Boden.

Kaum ward der schlaue Schuft gewahr,
Daß nun ganz Troja schnarche,
So nahm er euch dies Tempo wahr
Und schlich zu seiner Arche;
Die zapft' er wie ein Weinfaß an,
Und sieh! ein Strom von Helden rann
Heraus aus ihrem Bauche.

Die andern waren auch parat,
Die sich verkrochen hatten,
Und nun war ihnen unsre Stadt
Ein rechter Sonntagsbraten.
Sie massakrierten Mann für Mann,
Die Wache mußt' am ersten dran,
Sie fuhr im Rausch – zum Teufel.

Soeben hatt' ich den Achill –
Im Traume – überwunden,
Da weckte mich das Mordgebrüll
Von diesen Fleischerhunden.
Ich ging zum Fenster – heil'ger Gott!
Da sah ich nichts als Mord und Tod
Und Stadt und Schloß in Flammen.

Wie Ihro Majestät gesehn,
Wenn sie oft Flöhe fingen,

Daß ganze Flohfamilien
  Aus jeder Falte springen
Und ängstlich hüpfen hin und her,
So flohen vor dem Mordgewehr
  Der Griechen die Trojaner.

Dies sehn, und rips raps war ich auch
  In meiner blanken Rüstung:
Ich lief hinunter in den Rauch,
  Zu hemmen die Verwüstung:
Doch als ich unten mich besah,
Potz Element! wie ward mir da!
  Ich hatte keine Hosen!

Der Mut steckt nicht im Hosensack,
  Dacht' ich und hieb zusammen
Und warf bald da, bald dort ein Pack
  Argiver in die Flammen.
Bald wiesen alle mir den Steiß
Und flohn wie Hasen herdenweis
  Vor meinem Damaszener.

Macht ein Narr zehn, so macht im Krieg
  Ein braver Kerl oft zwanzig:
Bald häuften Trojer sich um mich;
  Allein das Blättchen wand sich.
Ein Kniff verdarb's uns, der war dumm:
Wir tauschten unsre Helme um
  Mit griech'schen Böckelhauben.

Wir packten zwar, als wie ein Hund,
  Der Mäus' und Ratten beutelt,
Allein das Kniffchen ward zur Stund'
  Uns jämmerlich vereitelt.
Denn mancher volle Kammertopf
Flog uns als Griechen auf den Kopf,
  Das stank ganz bestialisch!

Die Feind' erkannten auch fortan
  Uns aus den Rippenstößen,
Sie machten Front bei tausend Mann,
  Uns auf dem Kraut zu fressen:
Viel Hunde sind des Hasen Tod,
Dacht' ich und macht' in dieser Not
  Mich eilig aus dem Staube.

Doch da ich, schwitzend durch und durch,
  Mein Hemd zu wechseln laufe,
Da komm' ich, ach, beim Tor der Burg
  Vom Regen in die Traufe.
Hier sah man erst der Feinde Wut,
Ich mußte im Trojanerblut
  Bis übern Knöchel waten.

Es sträubte sich mein Heldenhaar
  Des Mords und Greuels wegen;
Der Kindermord zu Bethlem war
  Ein Fratzenspiel dagegen.
Ganz türkisch metzgerte man hier
Hatschier und Läufer und Portier,
  Und was man fand, zusammen.

Man legte nun auch Hand ans Tor:
  Doch hatt' es gute Schlösser;
Vor allen drang Held Pyrrhus vor –
  Der größte Eisenfresser
Nach seinem Vater und nach mir –,
Sein ungeheurer Speer war schier
  So groß als wie ein Mastbaum.

Die schwarze Rüstung deckt' ein Schopf
  Von kohlpechschwarzen Federn,
Die Augen brannten ihm im Kopf
  Gleich zweien Feuerrädern,
Kurz, sah man recht genau ihn an,

So glich er einem Auerhahn
Als wie ein Ei dem andern.

Held Pyrrhus nun erbrach die Tür
Zu Priams Tabernakel –
Du lieber Gott, was war das für
Ein Jammer und Spektakel! –
Man träumte hier nichts von Gefahr,
Und ach, der ganze Hofstaat war
Beinahe noch im Hemde.

Hier schrie und jammerte ein Schock
Geschreckter Kammerfrauen,
Da war im Hemd und Weiberrock
Ein Hofkaplan zu schauen.
Und dort, daß Gott erbarme, schlief
Ein Kammerfräulein gar noch tief
Im Arm des Hofpoeten.

In Schlafrock und Pantoffeln stand
Der König Priam fertig
Und war, den Säbel in der Hand,
Nun seines Feinds gewärtig:
Der alte Mann mit grauem Haar
Und weißem Bart, mein' Seel', es war
Ein Anblick zum Erbarmen.

Allein kaum sah ihn Hekuba,
So schrie sie: «Gott im Himmel!
Bedenke doch dein Podagra,
Du alter, grauer Schimmel!
Was nützte denn das Fechten dir?
Kriech lieber unters Bett zu mir,
So sind wir beide sicher.»

Allein, o weh! schon hörte man
Das feindliche Getümmel,

Der Feind lief haufenweis heran,
  Und Pyrrhus war ein Lümmel.
Er sah ihn, und ein Hieb, so flog
Herab der Kopf – da lag der Stock,
  So lang er war, am Boden.

Indem nun dieses arriviert,
  Hatt' ich mich weg vom Haufen
In einen Tempel retiriert,
  Ein bißchen auszuschnaufen.
Potz Hagel, was erblickt' ich da!
Da saß die saubre Helena
  Versteckt in einem Beichtstuhl.

Hättst wohl zu beichten, dacht' ich mir,
  Du Muster aller Metzen!
Ganz recht! du kömmst mir nicht von hier,
  Ich haue dich zu Fetzen
Und laß' ein Stück in jeder Stadt,
In der man solche Weiber hat,
  Aufhängen zum Exempel.

Ja, so gering der Ruhm auch ist,
  Ein schwaches Weib zu töten,
So muß doch jeder gute Christ
  Die Welt von Sünden retten.
Potz Wetter! warum wär' ich denn
Der fromme Held Aeneas, wenn
  Ich nicht die Sünden strafte?

Und als ich schon vom Leder zog,
  Die Hexe zu tranchieren,
Da zupfte Venus mich am Rock
  Und rief: «Sind das Manieren?
Was gehn dich fremde Sünden an?
Schau lieber, was dein Sohn Askan
  Und Weib und Vater machen!»

Drauf hielt sie mir ein Fernglas vor
Und hieß mich aufwärts schauen:
Da sah ich hoch am Himmelstor
Geschichten zu erbauen.
Ihr glaubt, daß man sich dort verträgt? –
Ja, gute Nacht! – Ein jeder schlägt
Dort unterm Hut sein Schnippchen.

Sankt Juno hatte weislich da
Den Ehgemahl im Arme
Und karessiert' ihn, daß er ja
Der Stadt sich nicht erbarme;
Indessen flog in Trojens Brand
Aus Pallas' und Neptunens Hand
Ein Pechkranz nach dem andern.

Ich ging nach Haus, da hatte mich
Mama in Schutz genommen,
Sonst wär' ich diesmal sicherlich
Gebraten heimgekommen:
Doch nun passiert' ich kugelfest
Und unverbrennlich wie Asbest
Kanonenfeuer und Flammen.

Hieraus nun sah ich klärlich ein
Und fühlt' es, daß die Ehre,
Von einer Göttin Sohn zu sein,
Nicht zu verachten wäre.
Mein Vater, dacht' ich, war kein Narr,
Daß er so manches Jugendjahr
Mit Zyprien verliebelt!

Ich trat ins Zimmer. Welch ein Bild!
Wie ward ich da betroffen!
Mein Vater hinter einem Schild,
Mein Söhnchen hinterm Ofen.
Mein Weib, das hoch die Hände rang,

Schrie heulend: «Schütze mich vor Zwang,
  Du heil'ge Mutter Anna!»

«Courage», rief ich, «faßt euch! Wißt,
  Frau Venus hat mir eben
Ein Land, wo Milch und Honig fließt,
  Statt diesem Nest gegeben.
Kommt mit in dies Schlaraffenland,
Da sind die Felsen von Dragant,
  Die Wälder voll Zibeben.»

«Da will ich naschen», rief Askan
  Und hing an meiner Seite;
Mein Weib tat Pelz und Handschuh' an,
  Und ich rief meine Leute
Und sprach: «Schickt euch zur Reise an,
Im Bierhaus vor der Stadt, beim Schwan,
  Da kommen wir zusammen.»

Drauf nahm ich meine Wildschur um,
  Daß sie die Rüstung deckte;
Indessen brannt' es um und um,
  Und sieh, das Feuer reckte
Zum Fenster schon die Zung' herein:
Da fingen alle an zu schrein:
  Sankt Florian, errett' uns!

Nur Weiber zittern in Gefahr;
  Ich, ohne umzublicken,
Nahm meinen Vater, wie er war,
  Und packt' ihn auf den Rücken.
«Nun», rief ich, «Vater, reitet zu,
Gib her die Hand, Askan, und du,
  Krëusa, geh zur Seiten!»

Ich, der ich sonst dem Teufel steh',
  Erbebte nun vor Lanzen

Und Schildgeklirr und zitterte
  Für meinen teuren Ranzen.
Indessen trug ich meinen Sack
Ganz unverletzet huckepack
  Durch Nacht und Graus und Flammen.

Auf einmal schrie mein Vater: «Sohn,
  Sohn, tummle dich nur weiter!
Ach, siehst du, siehst, sie kommen schon
  Heran, die Bärenhäuter!»
Ich fort, als brennte mir der Kopf,
Zog meinen Jungen nach beim Schopf,
  Und ach – verlor Krëusen.

Ich Dummkopf merkte das nicht eh,
  Bis wir am Bierhaus stunden,
Da sah ich um und rief: «O weh!»
  Da war mein Weib verschwunden.
Patsch! – schmiß ich meinen Vater weg
Und lief im allergrößten Dreck
  Zurück, um sie zu suchen.

Ich suchte wie ein Narr und schrie:
  «Wo hat dich denn der Teufel?
Krëusa! – Schatzkind! – Rabenvieh! –
  Ha! dich hat ohne Zweifel
Ein griechischer Husar erhascht!
O wehre dich, der Hund verpascht
  Dich nach Konstantinopel.»

Auf einmal faßte eine Hand
  Eiskalt mich an der Kehle;
Ich schlug ein Kreuz, und da erkannt'
  Ich ihre arme Seele.
«Krëusa», rief ich, «bist du tot?
Du arme Närrin, tröst' dich Gott!
  So bin ich also Witwer!

Wie ich dich liebte, wie um dich
  Itzt meine Seufzer knallen!
O du» – und hier vergaß ich mich,
  Wollt' um den Hals ihr fallen;
Allein der leichte Schatten wich
Wie Luft mir aus der Hand, und ich –
  Fiel nieder auf die Nase.

Die Hexe kann doch nimmermehr,
  Dacht' ich, das Foppen lassen!
Stund auf und lief getrösteter
  Als Witwer durch die Gassen.
Und was noch mehr mich tröstete,
Die ganze Schenke wimmelte
  Nun schon von Ex-Trojanern.

«Auf, Brüder», rief ich, «fasset Herz,
  Laßt Troja, laßt die Räuber!
Glaubt mir, es gibt auch anderwärts
  Noch Wein und schöne Weiber!»
«Es leb' Aeneas!» schrie ein Hauf',
Und alle pokulierten drauf
  Und zechten, bis es tagte.»

VIERTES BUCH

Wie die Königin in Libya in den teuren Helden Aeneas gar sehr entbrünstet wird und dann beide auf der Jagd in einer Höhle zusammenkommen. Wie hierauf der fromme Held die Königin verlassen und sie sich darob mit eigner Hand gar jämmerlich entleiben tät.

Indessen fing's die Königin
  Im Herzen an zu zwicken;

Sie warf im Bett sich her und hin,
  Der Schlaf kehrt' ihr den Rücken.
Sie hatte weder Ruh noch Rast,
Kurzum, sie war in ihren Gast
  Ganz jämmerlich vernarret.

Und kaum begann aus ihrem Bett
  Die Sonne aufzubrechen,
Da hatten Ihro Majestät
  Vapeurs und Seitenstechen.
Sie warf das Möpschen aus dem Bett,
Zerriß das Band am Nachtkorsett
  Und biß sich in die Nägel.

Nun ließ sie den Gewissensrat
  Zu sich ans Bette kommen.
Der Mann erschien in vollem Staat –
  Wiewohl etwas beklommen –,
Im schwarzen zeugenen Talar,
Mit steifem Kragen, kurz, er war
  Aus Don Loyolas Orden.

In puncto sexti sind die Herrn
  Den Damen sehr vonnöten,
Man konferiert mit ihnen gern
  Und ohne Schamerröten;
Und weil sich Kuppeln deriviert
Von Kopulieren, so gebührt
  Das Recht dazu bloß ihnen.

Der Fürstin ward aus Lissabon
  Der Mann rekommandieret:
Er hatte Fürstenherzen schon
  Zu Dutzenden regieret;
Drum hatt' auch sie ihn ohne Scheu
Zu ihres Herzens Hofkanzlei
  Geheimem Rat erkoren.

«Ach Pater», fing die Fürstin an
Mit aufgehobnen Händen,
«Was ist Aeneas für ein Mann!
Wie stark von Brust und Lenden!
Ja, bände kein Gelübde mich,
Er und kein andrer wär's, dem ich
Noch unterliegen könnte.

Seit meinem ersten Brautstand spürt'
Ich nie ein solches Brennen;
Und nur Aeneas, glaub ich, wird
Dies Feuer löschen können.
Doch brech in meinem ersten Mann
Den Schwur, den ich ihm, ach! getan,
So holt mich gar der Teufel!»

Der Pater dacht': Aeneas scheint
Ein frommer Mann, heißt Pius,
Und unser Orden ist ein Freund
Von derlei Herrn in -ius;
Und sieh! er sah im Geiste schon
Sein Reich und auch das Rohr, wovon
Er Pfeifen schneiden wollte.

«Da Hochdieselben», fing er an,
«Noch jung zu sein geruhen
Und sich's bei einem frommen Mann
Viel sicherer läßt ruhen
Als so im Bette ganz allein:
So riet' ich unmaßgeblichst ein,
Daß Sie die Hand ihm reichten.

Dem Eid, den Ihro Majestät
Dero Gemahl geschworen,
War sichtbarlich die Nullität
Gleich anfangs angeboren.
Der heil'ge Vater Busenbaum

Sagt deutlich: was man schwört im Traum,
   Kann niemals obligieren.

Allein gesetzt, Sie wären doch
   Für so was responsabel,
So scheint das Gegenteil ja noch
   Zum mindesten probabel;
Hier ist nur zwischen einem mehr
Und zwischen einem weniger
   Probablen Fall zu wählen.

Gleichwie man aus zwei Übeln nun
   Das kleinste wählt, so fehlen
Die nicht, die hier ein gleiches tun
   Und 's minder Wahre wählen.
Der Eid, legal und nicht legal,
Ist also null in jedem Fall:
   Quod erat demonstrandum.»

Der Syllogismus nun benahm
   Der Fürstin alle Schmerzen
Und kitzelte das bißchen Scham
   Ihr vollends aus dem Herzen.
Das Wunder, so mit ihr geschehn,
Verdankte sie dem heiligen
   Patron Probabilismus.

Von nun an ließ die gute Frau
   Wie eine Braut sich kleiden,
Sie wollte weder schwarz noch grau
   Mehr auf dem Leibe leiden
Und kleidete von Kopf zu Fuß
Den heiligen Antonius
   Mit ihren Witwenkleidern.

Allein der Gott der Liebe zog
   Den Bogen immer straffer,

Und jeder Wurfspieß, wenn er flog
  Nach ihrem Herz, so traf er.
Ihr Herzchen sah dabei, o Graus!
Wie Sankt Sebastianus aus,
  Ganz übersät mit Pfeilen.

Beständig fuhr dem armen Weib
  Ein Jücken durch die Glieder,
Bald kam's ihr in den Unterleib,
  Bald in die Kehle wieder.
Sie lief herum ohn' Unterlaß
Wie ein geplagtes Füllen, das
  Die bösen Bremsen stechen.

Und wenn sie ihren Teuren sah,
  War's aus im Oberstübchen:
Sie hieß bald des Askan – Papa,
  Bald den Aeneas – Püppchen.
Langt, wo sie Dosen offen sieht,
Nach Schnupftabak und fährt damit
  Ins Maul anstatt zur Nase.

Bald will sie gar den ganzen Spuk
  Von Troja wieder hören;
Greift statt dem Glas nach einem Krug,
  Ihn auf sein Wohl zu leeren,
Und führt ihn bei stockfinstrer Nacht
Auf den Balkon, um ihm die Pracht
  Von ihrer Stadt zu zeigen.

Aeneens Unempfindlichkeit
  Muß dann Askan oft büßen:
Den küßt und drückt sie, daß er schreit
  Und zappelt mit den Füßen;
Sieht ihn für den Aeneas an
Und denkt im Taumel gar nicht dran,
  Daß ihm der Bart noch fehle.

Der Bau geriet dabei, wie man
  Leicht denken kann, ins Stecken:
Die Maurer sahn einander an
  Und maurten wie die Schnecken.
Der Zimmermann ging statt aufs Dach
Dem Wein und Karessieren nach,
  Reginae ad exemplum.

Ob dieser Not der Königin
  Erhuben in dem Himmel
Frau Venus und Frau Jupitrin
  Ein schrecklich Wortgetümmel.
Vor Zorn rot wie ein Indian
Fing Juno, wie hier folget, an,
  Ihr Mäulchen auszuleeren:

«Dein saubrer Bub' und du dürft euch
  Fürwahr gewaltig brüsten:
Es ist ein wahrer Heldenstreich,
  Ein Weib zu überlisten!
Zwei Götter, beide fürchterlich
An Macht, enkanaillieren sich
  Mit einem Weib – pfui Teufel!

Dein Sohn, der saubre Kavalier,
  Wird doch wohl nicht drauf zielen,
Sich so nur *en passant* bei ihr
  Ein bißchen abzukühlen?
Und so er das nicht intendiert,
So laß uns nun, wie sich's gebührt,
  Die Eh' im Himmel schließen.

Ich will sie morgen auf der Jagd
  Mit Regen überraschen
Und ihnen, wenn's dir so behagt,
  Den Kopf so lange waschen,
Bis sie in eine Höhle fliehn;

Dann komm ich als Frau Pastorin
  Und kupple sie zusammen.»

Frau Venus sah dies Kniffchen ein
  Und sprach: «Nu meinetwegen,
Nur zu, wenn's denn gefreit muß sein,
  Ich habe nichts dagegen.»
Doch dachte sie: Wie, mein Herr Sohn
Ein libysch Königlein? – *Fi donc!*
  Eh werd' er Kapuziner.

Indes hub sich bereits die Sonn'
  Aus ihrem nassen Bette,
Frau Dido saß zwo Stunden schon
  Voll Angst an der Toilette,
Flucht' über ihren schwarzen Teint,
Den ihr die Sonne so verbrennt,
  Und über ihre Taille.

Am Tore stand die Jägerschar
  Mit ihren Doggen fertig,
Die ganze Jagdgesellschaft war
  Die Fürstin nur gewärtig.
Ein Zelter, prächtig aufgezäumt
Und schöner als die Fürstin, schäumt
  Und tanzt aus langer Weile.

Sie kam nun endlich, reizend wie
  Diana angezogen,
Hoch aufgeschürzt bis übers Knie,
  Nebst Köcher, Pfeil und Bogen.
Und *au balon volant* frisiert,
Ihr stumpfes Näschen schön schattiert
  Mit einer Straußenfeder.

Allein Aeneas ragt hervor
  Wie über die Philister

Einst Goliath – mit seinem Rohr
  Und seinem Wolfstornister.
Den grünen Hut mit einem Strauß
Und Band gezieret, sah er aus
  Als wie der bayr'sche Hiesel.

Er hielt der Fürstin ritterlich
  Den Bügel und die Mähre
Und schätzte wie einst Friederich
  Der Rotbart – sich's zur Ehre.
Er selbst bestieg sein Leibpferd dann,
Fest angegürtet ritt Askan
  Auf einem Korsikaner.

Kaum waren sie im Jagdrevier,
  So fing man an zu blasen,
Die Reh' und Gemsen sprangen schier
  Den Jägern auf die Nasen;
Aeneas schoß rund um sich her
Und fehlt' ein Schwein, so groß wie er,
  Auf vierundzwanzig Schritte.

Askan war auch nicht faul, er stach
  Sein Pferd und galoppierte
Den angeschoßnen Hasen nach,
  Bis er sie tot forcierte.
Er wünschte sich, nur groß zu sein,
Um auch ein großes wildes Schwein
  Wie sein Papa zu fehlen.

Auf einmal ward am Firmament
  Der Nebel immer dichter,
Die Sonne, die bisher gebrennt,
  Schnitt finstere Gesichter:
Ein Hagelregen zog heran
Mit Blitz und Donner und begann
  Die Jagenden – zu jagen.

Ein jeder brachte seinen Kopf
  In Sicherheit, da Schloßen,
Groß wie Aeneens Hosenknopf,
  Auf sie herniederschossen.
Der rettet sich in einen Strauch,
Der unter seines Rosses Bauch,
  Der läuft ins nächste Dörfchen.

Und wie der böse Satan oft
  Sein Spiel hat mit den Frommen,
So mußt' Aeneas unverhofft
  In eine Höhle kommen,
Wo eben, bis aufs Hemdchen naß,
Die so verliebte Dido saß,
  Ihr Unterröckchen trocknend.

Doch was die beiden Liebenden
  In dieser Höhle taten,
Das läßt uns Wißbegierigen
  Herr Maro nur erraten:
Er spricht, gar sittsam von Natur,
So was von einer Höhle nur
  Und macht darauf ein Punktum.

Doch seit mit diesem Verschen, das
  So dunkel uns geblieben,
Ignatius den Satanas
  Aus Weibern ausgetrieben,
Beschuldigt man die Königin,
Es habe sie Aeneas in
  Der Höhl' exorzisieret.

Der Teufelsbanner ward auch drum,
  So wie es sich gebühret,
Von ihr vors Konsistorium
  Des Tags darauf zitieret.
Da mußte nun der arme Narr,

Ob's gleich nicht so gemeinet war,
Mit ihr sich trauen lassen.

Miß Fama, da dies vorging, saß
Dabei nicht auf den Ohren:
Sie ward von Frau *Curiositas*
Dereinst zur Welt geboren.
O hätte Madam Fürwitz nur
Die unverschämte Kreatur
Im ersten Bad ersäufet!

Itzt aber führt sie in der Welt
Ein skandalöses Leben
Und pflegt für ein geringes Geld
Sich jedem preiszugeben;
Ob's Tugend oder Laster sei,
Das ist ihr alles einerlei,
Sie profitiert von beiden.

Sie schämt sich nicht und schwadroniert
Herum in allen Schenken,
Hält jedem und prostituiert
Sich da auf allen Bänken.
Ein jeder Zeitungsschreiber ist
Ihr Kunde, jeder Journalist
Und jeder Kannengießer.

Die Wahrheit und die Lüge frißt
Sie auf mit gleichen Freuden,
Und was sie wieder ausspeit, ist
Ein Frikassee von beiden.
Wenn man zuweilen Kriege führt
Und eine Schlacht geliefert wird,
Dient sie auf beiden Seiten.

Sie harangiert den Bösewicht
Und macht sich kein Gewissen,

Speit oft der Tugend ins Gesicht
Und tritt sie mit den Füßen;
Verrät, was nachts ein Mädchen tat,
Frühmorgens schon der ganzen Stadt
Und schweigt von feilen Metzen.

Sie ist in täglich neuem Kleid
In allen Assembleen;
Weiß oft die schalste Kleinigkeit
Zum Wunder aufzublähen;
Ist wankelmütig wie ein Weib
Und krönet oft zum Zeitvertreib
Den Schmierer zum Poeten.

Die saubre Miß nun tat zur Stund
Dies Heiratsanekdötchen
Dem Mohrenkönig Jarbas kund
Im nächsten Zeitungsblättchen.
Der hatte vor nicht langer Zeit
Auch um die Königin gefreit
Und einen Korb bekommen.

Er war zwar selbst der Liebe Kind
Aus Jupiters Geschlechte,
Allein dergleichen Kinder sind
Stets feuriger als echte.
Drum schäumt' er wie ein Kraftgenie,
Lief in den Tempel hin und schrie
Auf zum Papa um Rache:

«Du, geiler Böcke Schutzpatron
Und aller Hahnrei Vater,
Zeus Ammon! räche deinen Sohn
An jener schwarzen Natter,
Die mich verschmäht und, wie man spricht,
Sich nun mit einem Milchgesicht
In schnöder Wollust wälzet.

Ha, hätt' ich deinen Donner da,
  Wie wollt' ich sie zerschmettern!
Ich bin dein Sohn, du wolltest ja
  Dich mir zu Lieb entgöttern;
Tu selber erst, was du befiehlst,
Und wenn du Buben zeugen willst,
  Schau ihnen auch um Weiber!»

Herr Jupiter ward alarmiert
  In seinem blauen Himmel;
Er sprach: «Nu, nu, was lamentiert
  Und poltert denn der Lümmel?
Es wird wohl noch zu helfen sein! –
Holt mir den Hofkurier herein,
  Ich hab für ihn Depeschen.»

Merkur erschien. «Mach einen Ritt
  Nach Libyen; verweile
Dich nicht und nimm die Flügel mit,
  Denn, was ich will, hat Eile.
Aeneas wird bei Dido sein,
Drum sieh, daß du ihn kannst allein
  Auf ein paar Worte sprechen.

Frag ihn, ob er denn glaubt, daß man
  Im Bette Reiche finde?
Und ob er seinen Vatikan
  Auf einem Sofa gründe?
Kurz, sag ihm, ich sei teufelstoll,
In vierundzwanzig Stunden soll
  Er fort – und damit Punktum!»

Merkur zäumt' einen Zephyr auf,
  Schnallt' an die Füß' ihm Flügel,
Saß auf und galoppierte drauf
  Fort über Berg und Hügel;
Kehrt' unterwegs zuweilen ein,

Trank ein Paar Gläser guten Wein
Und kam an Ort und Stelle.

Aeneas auf dem Kanapee
Trank eben Schokolade,
Da kam Merkur und sprach: «Mußje!
Sie müssen ohne Gnade
In vierundzwanzig Stunden fort,
So lautet meines Herren Wort.
Adieu! wir sehn uns wieder.»

Der Held fand dieses Hofmandat
Ein bißchen übereilet;
Vom ersten Liebeshunger hatt'
Er sich zwar schon geheilet.
Allein im Grunde hatt' er's doch
Nicht satt und war bis dato noch
Bei gutem Appetite.

Allein die saure Himmelsbill
Hieß ihn einmal marschieren:
Drum ließ er insgeheim und still
Die Schiffe reparieren:
Gab, was an Segeln unbrauchbar
Und gar zu sehr zerrissen war,
Zu einem Winkelschneider.

Die Fürstin aller Ach und O
Diesmal zu überheben,
Wollt' er bei Nacht, inkognito,
Zu Schiffe sich begeben,
Und wenn die gute Haut noch ruht
Und sich's nicht träumen läßt, auf gut
Französisch sich empfehlen.

Allein man weiß: die Liebe hat
Ein Katzenaug; vom weiten

Sah Dido schon den Apparat
Und wußt' ihn auch zu deuten.
Sie riß mit Furienappetit
Ihr Haar sich aus und rannte mit
Dem Kopf nach allen Spiegeln.

Und als Aeneas Hut und Stock
Ganz leise nehmen wollte,
Erwischte sie ihn noch beim Rock:
Ihr flammend Auge rollte,
Ihr Mund, aus welchem Geifer rann,
Fing kläglich *ex abrupto* an,
Wie folgt, zu perorieren:

«Meinst du, daß mir verborgen blieb,
Was du mir willst verhehlen?
Du suchst dich wie ein Schelm und Dieb
Vergebens wegzustehlen:
Ich merk' es wohl, wohin du zielst;
Du bist nun meiner satt und willst
Mich Arme sitzen lassen.

Ha, Bösewicht ohn' alle Scham!
Den ich einst küßt' und drückte,
Den ich als Bettler zu mir nahm
Und seine Hemden flickte,
Nicht wahr, mein Süßes schmeckte dir?
Allein das Bittre willst du mir
Allein nun überlassen?

Um Ehr' und Reputation
Bin ich durch dich gekommen,
Barbar! was hab ich itzt davon,
Daß du sie mir genommen?
Ach, ließest du mir doch dafür
Dein Ebenbild *en miniature*
Zurück in meinem Schoße!»

Allein kaum hatte sie verspürt,
  Daß sie vergebens schmälte
Und er dabei ganz ungerührt
  Die Fensterscheiben zählte,
So gab sie noch zum Überfluß
Ihm folgenden Epilogus
  Voll Zorn mit auf die Reise:

«Du hergelaufner Bube du,
  Du ehrvergeßner Bengel!
Ein schöner Held! ja, ein Filou
  Bist du, ein Galgenschwengel!
Was hält mich ab, du Bösewicht,
Daß ich dir auf der Stelle nicht
  Dein Schelmenaug zerkratze?

Ja hör's, infamer Kerl, und schreib
  Dir's hinter deine Ohren:
Nicht Venus, nein, ein Wäscherweib
  Hat dich zur Welt geboren!
Und – ha! der Abkunft hoher Art! –
Ein Schusterjunge ohne Bart
  Hat sich an dir verschustert.

Geh nur, du Wildfang, den nichts rührt,
  Kein Hahn soll nach dir krähen:
Der Teufel – Gott verzeih mir's – wird
  Dir schon den Hals umdrehen!
Dein Herz von Sohlenleder reiß
Ich dann dir aus dem Leib und schmeiß
  Es meinem Hund vor. – *Dixi!*»

Aeneas fand die Rede schön,
  So wenig doch zum Lachen,
Daß ihm die Beine zitterten
  Und seine Kniee brachen.
Er lief davon ganz angst und bang

Und schwur, er wolle lebelang
  An die Frau Lisel denken.

Man eilt' an Bord, und alles ward
  Nur obenhin bereitet:
Man sah Schnupftücher aller Art
  Statt Segeln ausgespreitet;
Da hing am Ruder noch ein Ast
Voll Kirschen, dort hing an dem Mast
  Der Wimpel bei den Eicheln.

Frau Dido sah von ihrem Schloß
  Die Trojerflaggen wehen:
Da brach ihr Schmerz von neuem los,
  Sie wollte fast vergehen.
Es mußte noch ihr Loyolist
An Bord, um eine Galgenfrist
  Für sie noch zu erwirken.

Vergebens demonstriert' er da
  Nach Meister Sanchez' Lehre:
Daß *accedente copula*
  Die Eh' untrennbar wäre.
Aeneas sprach: «Sein Sanchez lügt:
Was er als Mensch zusammenflickt,
  Kann ich als Mensch auch trennen.»

Als Dido sah, Aeneas sei
  Durch nichts mehr zu bekehren,
So wollte sie durch Hexerei
  Den Flüchtling Mores lehren.
Sie ließ zu diesem Ende gleich
Die größte Hex' in ihrem Reich
  Zu sich nach Hofe kommen.

Die mußte nun ein Wetterchen
  In einem Topf bereiten

Und damit nach den Fliehenden
  Auf einem Besen reiten;
Allein Aeneas war so fein
Und schoß mit Lukaszetteln drein:
  Plumpf! – lag die Hex' im Meere.

Das Ende von dem Liebsroman
  Ist nun in Didos Händen:
Sie kann mit einem dritten Mann
  Ihn recht gemächlich enden;
Allein der Herr Virgilius
Befiehlt ihr, daß sie sterben muß:
  Nun gut, so soll sie sterben!

Es ist zwar freilich oft ein Graus,
  Wenn Dichter, die doch fühlen,
Wie eine Katze mit der Maus
  Mit ihren Helden spielen:
Erst putzen sie mit vieler Müh'
Den Helden auf, dann metzeln sie
  Ihr eigen Werk danieder.

Ihr Herrn, aus deren Feder Tod
  Und Leben willig fließen,
Sagt, macht ihr euch denn nicht vor Gott
  Und Menschen ein Gewissen
Ob eurer Federn Mordbegier?
Bedenkt doch, daß die Welt – und ihr –
  Viel lieber lacht als weinet!

Doch, liebe Leser, habt Geduld,
  Es naht sich Didos Ende;
Ich bin an ihrem Tod nicht schuld
  Und wasche meine Hände.
Herr Maro schlachtete sie hin;
Der Heldin Blut komm' über ihn
  Und über seine Kinder!

Da sitzt sie schon, die arme Frau,
  Die gern gelebt noch hätte,
Vor Liebeskummer falb und grau,
  Auf ihrem Ruhebette;
Denkt sich, auf ihre Hand gestützt:
«Jawohl, ein Ruhebett anitzt!»
  Und liest in Werthers Leiden.

Und wenn ihr dann, so wie sie liest
  Und mitseufzt und mitliebet,
Das Wasser in die Augen schießt
  Und ihre Blicke trübet,
So zeigt sich alles doppelt ihr,
Und ach! sie sieht auf dem Papier
  Zween Werther sich ermorden.

Indessen schwand der Sonne Licht
  Weg von dem Himmelsbogen,
Der Tag verhüllte sein Gesicht,
  Die Nacht kam angezogen
In tiefster Trauer und begann
Dem Schlosse langsam sich zu nahn
  Mit feierlichem Schritte.

Ihr schwarzes Haar stak unfrisiert
  In einer der Dormeusen,
Die sie nur dann und wann garniert
  Mit schimmernden Pleureusen.
So kam sie ganz verschleiert hin
Zur liebekranken Königin,
  Um ihr zu kondolieren.

Doch statt dem kleinsten Schlummerkorn
  Zeigt sie ihr nur Gespenster:
Kaum guckt des Mondes Doppelhorn
  Zu ihr herein durchs Fenster,
So glaubt sie bei der Hörner Schein,

Es guckt' ihr sel'ger Mann herein
Und drohe, sie zu spießen.

Und weil die ganze Schöpfung traurt
Bei großer Häupter Leichen,
So ward die Fürstin auch bedaurt
Von Kröten in den Teichen.
Die Unken sangen ung, ung, ung,
Das heißt: die Fürstin ist noch jung!
Wie leichtlich zu verstehen.

Des Himmels großer, weiter Hut
Beflorte sich zur Feier:
Auch jeder Hügel war so gut
Und hüllte sich in Schleier:
Und weit, gar von dem Toten Meer,
Kam Aeols Leichtrompeter her
Und blies in die Posaune.

Die Eulen sangen Nänien,
Wie sie noch nie gesungen,
So kläglich und so wunderschön,
Als wären sie gedungen.
Nun kömmt's auch in ihr Kabinett:
Hier seufzt ein Tisch, da kracht ein Bett,
Dort grinst ein langes – Handtuch.

«Ha, grinse nicht so gräßlich her,
Du meines Mannes Schatten!
Ich komm', ich komme, Teuerster!
Um mich mit dir zu gatten.»
So rief sie mit entschloßnem Ton
Und zog ein langes Zopfband von
Aeneas aus dem Busen.

Dies schlingt sie um den Hals, knüpft dann,
Auf einem Schemel stehend,

Es fest an einen Nagel an,
  Die Augen schon verdrehend,
Und spricht in dieser Positur
Die letzten sieben Worte nur,
  Gar rührend anzuhören:

«Du süßes, ewig teures Band,
  Das ich – o sel'ge Stunden!
Aeneen oft mit eigner Hand
  Um seinen Zopf gewunden!
O du, des schönsten Haares Zier,
Ach, nicht gemacht, die Gurgel mir
  Dereinstens zuzuschnüren!

O welch ein Zopf! Wie wunderschön
  Ließ er an seinem Köpfchen!
Ja, gegen diesen einzigen
  Sind alle Zöpfe – Zöpfchen.
Drum, Band von aller Zöpfe Zopf!
Verschnüre mir nun auch den Kropf! –
  Auweh! – ich häng' – ich sterbe! –»

So lautete der Monolog,
  Eh sie vom Schemel schnappte,
Und ihre arme Seel' entflog,
  Wo sie ein Loch ertappte.
Die Stund, da sie verschieden war,
Wird bang dem Buben, graust sein Haar,
  Es treibt ihn fort zu – Schiffe.

Und seit dem jämmerlichen Brauch,
  Aus Liebe sich zu morden,
Ist unter unsern Damen auch
  Das Hängen Mode worden;
Sie hegen gleichen Appetit
Und hängen sich, wenn einer flieht,
  Sogleich – an einen andern.

SECHSTES BUCH

ERSTER TEIL

Wie der teure Held sich seiner künftigen Abenteuer halben bei der weisen Frau Sibylla erkundigen und mit ihr eine Fahrt in die Hölle anstellen tät.

Aeneas ließ sich Extrapost
  Beim Aeolus bestellen
Und kam nach Kuma nun getrost
  Mit seinen Spießgesellen.
Die Anker bissen in den Sand,
Die Flotte drehte sich und stand
  Und wies der Stadt den Hintern.

Gleich Flöhen hüpften an den Strand
  Die trojischen Kadettchen;
Der kaufte sich ein Degenband,
  Der andre suchte Mädchen,
Der ging auf eine Partie Whist:
Aeneas, als ein frommer Christ,
  Ging lieber in die Kirche.

Auf einem Berg erblickte man
  Ein Schloß, so ungeheuer
Und prächtig als der Vatikan
  Und auch beinah so teuer:
Hier hatte die berühmteste
Bauchrednerin, die kumische
  Alraune, ihren Tempel.

Sie trieb ein Monopolium
  Im Lande mit Orakeln,
So wie noch unser Säkulum
  Es treibet mit Mirakeln:
Drum ward ihr Tempel auch sehr schnell

So reich als wie Mariazell
Und wie Mariataferl.

Der Tempel selber ward vorher
In Kreta fabrizieret
Und dann nach Welschland übers Meer
Von Engeln transportieret;
Er war voll schöner Bilderchen:
Aeneas blieb vor jedem stehn
Und machte seine Glossen.

Hier floh ein Sankt Aloysius
Vor einer Silhouette,
Da wählte sich Macarius
Ein Schnakennest zum Bette,
Und Simon Stock erweckte dort
Am Tisch mit einem einz'gen Wort
Vom Toten einen Stockfisch.

Hier predigt Sankt Antonius
Den Fischen Glaubenslehren,
Die Heiden dort statt seiner muß
Ein Esel ihm bekehren;
Hier springt Sankt Ignaz in den Teich,
Dort geht mit ihrem Schmerzenreich
Sankt Genoveva schwanger.

So ließ Aeneas seinen Blick,
Sich zu desennuyieren,
Auf allen Bildern Stück für Stück
Gemach herumspazieren;
Da kam die Priesterin und schrie:
«*Fi donc!* Monsieur Maulaffe, *Fi!*
Ist denn itzt Zeit zum Gaffen?

Such' erst durch Opfer dich mit mir
Gehörig abzufinden,

Dann will ich auf dem Dreifuß dir,
  Was du verlangst, verkünden.»
Aeneas tat's sogleich, ging hin
Und opferte der Priesterin
  Fünf schöne Kälberbraten.

Sie führte drauf ihn hin zum Thron,
  Worauf sie residierte
Und wo in eigener Person
  Sie Satan inspirierte.
Ein Teufel, der aus Seefeld kam
Und hochdeutsch sprechen konnte, nahm
  Itzt Platz in ihrem Leibe.

Ihr Haar erhob sich unterm Schlei'r,
  Ihr Busen unterm Mieder,
Es fuhr ihr ein elektrisch Feu'r
  Zickzack durch alle Glieder:
Sie keuchte, wand und krümmte sich,
Verzog die Augen fürchterlich,
  Als hätte sie die Kolik.

Doch rief sie wie Xaverius:
  «Mehr, mehr auf diesen Scheitel!»
Der Held verstand dies *amplius*
  Und leerte seinen Beutel.
Drauf kniet' er vor die Priesterin
Mit aufgehobnen Händen hin
  Und fing so an zu beten:

«O du, der es vergönnet ist,
  Der Zukunft, die im Leben
So spröde sich vor uns verschließt,
  Das Röckchen aufzuheben,
O sei so gut und zeige sie
Mir nun enthüllt bis übers Knie,
  Ich bin damit zufrieden.»

Indessen ging's erbärmlich zu
  In Frau Sibyllens Höhle;
Der Teufel ließ ihr keine Ruh,
  Er beutelte die Seele
Der Armen aus dem Leibe schier
Und drückt' und drängt' und preßt' an ihr,
  Als wollt' er sie erdrosseln.

Und sieh, der Teufel, der sie ritt,
  Fing stärker an zu rütteln,
Je mehr die Arme sich bemüht,
  Ihn von sich abzuschütteln.
Nach langem Kreißen endlich wird
Die Jungfrau glücklich akkouschiert
  Mit folgendem Orakel:

«Du wirst zwar Rom und Latien
  Auf allen deinen Reisen
So wenig als Sankt Peter sehn,
  Und doch wird man dich preisen,
Daß du der erste einen Dom
Daselbst dir stiftetest und Rom
  Zum Sitz der Päpste machtest.

Auch wird Tiber den Tiberstrom
  Mit Christenblute färben:
Doch wirst du drum nicht minder Rom
  Vom Konstantinus erben.
Kömmt gleich in seinem Testament
Kein Wörtchen von dir vor, so nennt
  Dich doch das Alt' und Neue.»

«Bei meinem Eid! Das Ding», versetzt
  Aeneas, «läßt sich hören;
Allein, Madam, ihr müßt anjetzt
  Mir noch etwas gewähren:
Ich möchte, weil ich eben da

Die Höll' *en miniature* sah,
Sie auch im Großen sehen.

Denn um nicht so durch Berg und Tal
Auf eigne Faust zu laufen,
Will ich einst meine Reisen all
Beschreiben und verkaufen;
Und dann wär's schlecht, hätt' ich nicht auch
Mich in der Erde weitem Bauch
Ein bißchen umgesehen.

Es ist ja in den Tartarus
Schon Herkules gedrungen,
Und auch der Fiedler Orpheus
Hat sich hineingesungen:
Selbst Pater Kochem war sogar
Schon in der Hölle, und der war
Doch nur ein Kapuziner!

Darum versehet mich zuvor
Mit einem guten Passe,
Damit man mich am Höllentor
Frei durchpassieren lasse;
Ihr lebt ja mit dem Cerberus
Auf einem sehr vertrauten Fuß,
Euch ist ja dies was leichtes.»

«Leicht ist zur Hölle das Entree»,
Versetzte sie betroffen,
«Und Tag und Nacht läßt Hekate
Ihr schwarzes Pförtchen offen;
Doch wer in diese Gegenden
Hinein sich wagt, der mag auch sehn,
Wie er herauskömmt wieder.

Doch willst du ungebraten denn
Dies Reich mit mir betreten,

So ist dazu ein Schlüsselchen
  Von Gold dir höchst vonnöten;
Denn wiss': ein goldner Schlüssel ist
Ein wahrer Passepartout, er schließt
  Die Höll' auf und den Himmel.

Allein im Augenblick, als wir
  Von Höll' und Himmel sprachen,
Fuhr eben ein Kamrad von dir
  Dem Teufel in den Rachen.
Er blies heut seinen letzten Baß;
Drum geh vorher noch heim und laß
  Fein christlich ihn begraben.»

Und als Aeneas heimkam, fand
  Er seinen Feldtrompeter
Ersäuft, das Glas noch in der Hand;
  Er war ein großer Wetter
Im Saufen: doch ein Reichsprälat
Soff ihn für diesesmal schachmatt
  Und strafte seinen Frevel.

Sonst tat er Wunder in der Schlacht
  Und hatte manchem Hasen,
Der Rechtsum-kehrt-euch schon gemacht,
  Courage zugeblasen;
Doch bei Aeneas blies er sich,
Als dieser Troja ließ im Stich,
  Die Schwindsucht an die Gurgel.

Um also nicht für undankbar
  Für all dies zu passieren,
Ließ ihn der Held mit Haut und Haar
  Im Feuer destillieren,
Und seine Trojer sammelten
Die Quintessenz des Seligen
  In einem großen Weinfaß.

Er aber selbst studierte sich
  Halbtot indes beiseite:
Was doch der goldne Dieterich
  Zu Plutons Reich bedeute.
Ihm wärmte dies Geheimnis sehr,
Er sann darüber hin und her
  Und konnt' es nicht ergründen.

Doch weil Frau Venus ihren Sohn
  Von je so auferzogen,
Daß ihm bereits gebraten schon
  Ins Maul die Vögel flogen,
So warf sie einen Beutel, der
Voll Gold war, vor ihm hin, daß er
  Nur drüber stolpern durfte.

Mit diesem Schlüssel in der Hand
  Sucht' er nun auf der Stelle
Voll Mut herum im ganzen Land
  Den Eingang in die Hölle.
Nach langem Suchen endlich roch
Er Schwefel, sieh! und fand das Loch
  Für seinen goldnen Schlüssel.

Die Hölle riß sperrangelweit
  Das Maul hier auf und gähnte,
Daß man ihr bis ins Eingeweid'
  Hinabzusehen wähnte:
Dabei stieg Schwefeldampf und Rauch
Aus ihrem immervollen Bauch
  Empor in dicken Wolken.

Auch war so heiß ihr Atemzug,
  Daß drob die Lüfte glühten
Und sich bloß im Vorüberflug
  Die Vögel alle brieten;
Sie stank dabei so jämmerlich,

Daß selbst die Stern' am Himmel sich
   Die Nasen drob verhielten.

Und litt sie dann von Zeit zu Zeit
   (Weil sie nichts pflegt zu käuen)
An einer Unverdaulichkeit,
   So fing sie an zu speien
Als wie der Berg Vesuvius,
Und nur Sankt Januarius
   Konnt' ihr das Brechen stillen.

«Du siehst», sprach itzt die Priesterin
   Zu ihrem Kandidaten,
«Den Rauchfang hier von dem Kamin,
   Wo die Verdammten braten:
Weg alle, die ihr ungeweiht
Und nicht wie wir des Teufels seid,
   Zurück von dieser Pforte!

Du aber, dem der Himmel gab,
   Dies Heiligtum zu finden,
Stich einen schwarzen Bock itzt ab
   Für alle deine Sünden:
Besprenge dann vorsichtiglich
Mit Weihbrunn und bekreuze dich,
   Und dann marsch fort zum Teufel!»

ZWEITER TEIL

Was für seltsame Abenteuer der fromme Held auf seiner Höllenfahrt bestand und was er da alles an Augen, Nase und Ohren zu leiden hätt.

O du, der einst vom Höllenaas
   So wunderschön geschrieben

Und bei dem Garkoch Satanas
  Die Kochkunst lang getrieben,
O Pater Kochem, großer Koch!
Hilf mir die Höllenküche doch
  Nach Würden itzt beschreiben.

Auf einer engen, steilen Bahn,
  Die nie ein Strahl besonnte,
Durch Finsternisse, welche man
  Mit Händen greifen konnte,
Kam unsre Madam Mentorin
Mit ihrem Telemach bis hin
  Zur höll'schen Antischamber.

Des Plutos Hofgesind war hier:
  Der Krieg sein Oberjäger,
Das hohe Alter sein Hatschier,
  Der Schmerz sein Wasserträger,
Der hagre Neid sein Vorstehhund,
Sein Postillon das Fieber und
  Sein Leiblakai die Sorge.

Auch die Intoleranz war hier
  Als Plutos Kammerheizer,
Der Geiz sein Großalmosenier,
  Die Tyrannei sein Schweizer,
Die schwarze Lüge sein Friseur,
Die Schmeichelei sein Parfumeur
  Und dann der Tod – sein Kuppler.

Und in des Vorhofs weitem Raum
  Sahn sie ein Bäumchen stutzen,
Es war ein Pfaffenkäppchenbaum;
  Denn er hing voll Kapuzen:
Aus jeder sah mit langem Ohr
Ein mönchisch Vorurteil hervor
  Und wartete des Pflückers.

Rund um den Baum her fanden sie,
  Nicht ohne Furcht und Grauen,
Die höllische Menagerie,
  Gar gräßlich anzuschauen.
Zuerst ein Tier, halb Weib, halb Hund,
Das boll und biß und schäumt' am Mund,
  Genannt der Eheteufel.

Und dann ein Monstrum, blind und dumm,
  Mit hundert Eselsschwänzen,
Die, stutzt man sie, sich wiederum
  Im Augenblick ergänzen,
Ein Tier, so furchtsam wie ein Has,
Das nichts als Lukaszettel fraß,
  Genannt der Aberglaube.

An dieses Tieres Brüsten sog
  Ein Ungeheuer lange,
Wie Löwe grausam, geil wie Bock
  Und giftig wie die Schlange:
Dies Tier, das oft die Kette riß,
Spie Feu'r, trank Menschenblut und hieß
  Der mönch'sche Fanatismus.

Hier war auch König Gerion, der
  Sein Vieh mit Menschen speiste,
Dreifaltig an Person und sehr
  Einfältig doch am Geiste.
Was ihn am meisten stets gefreut,
War dies, daß er zu gleicher Zeit
  Drei Weiber küssen konnte.

Und dann der Riese, der den Rat
  Der Götter einst verscheuchte,
Und dem der Riese Goliath
  Kaum an die Waden reichte.
Er war sehr stark und gab daher

Auf einmal einst dem Jupiter
  Zweihundert Nasenstieber.

Auch die Harpyen fand der Held
  Hier mit erstauntem Blicke:
Sie kamen von der Oberwelt
  Itzt scharenweis zurücke
Und flogen hin nach Spanien
Und andern wärmern Gegenden,
  Um Futter da zu suchen.

Nun ließ der fromme Reisende
  Von da sich weiter führen:
Sie hatten itzt die höllische
  Kloake zu passieren.
Neunarmig floß allhier einher
Der Höllenkot und stank so sehr
  Wie zu Berlin die Sprea.

Hier kam ein alter Murrkopf hart
  Ans Land herangerudert,
Das Alter hatte seinen Bart
  Ihm schneeweiß eingepudert;
Doch ließ er ihn zerrauft und dicht
Und kämmt' und pflog und putzt' ihn nicht
  Wie unsre Kapuziner.

Ein Sack, so alt und grob als er,
  Bedeckte seine Blöße,
Sein Ruder war ein knotiger
  Portierstock seltner Größe:
Er war hier Bootsknecht und Portier
Und drum ein größrer Flegel schier
  Als selbst ein Klosterpförtner.

Unzählbar gleich den Heringen,
  Die in gedrängten Scharen

Ins Fischnetz der holländischen
  Großheringskrämer fahren,
So drängten hier sich haufenweis
Die armen Seelen um den Greis
  Und schrieen: «Überfahren!»

Da sprach der Held zur Priesterin:
  «Was soll dies Lamentieren?
Ich glaube gar, sie bitten ihn,
  Sie übern Dreck zu führen?
Und wie's hier stinkt, als häufte da
Sich all die *Asa fœtida*
  Der Höll' und Himmelsgötter.»

«Hier ist», erwiderte Madam,
  «Aus allen Höllenflüssen
Der schrecklichste, bei dessen Schlamm
  Die Götter schwören müssen:
Sie kennen keinen andern Schwur;
Denn wahre Götter schwören nur
  Bei ihren Exkrementen.

Doch hier den Schlagbaum, der den Strom
  Mit einem Zoll beleget,
Den hat die Datarie zu Rom
  Hierorts sich angeleget:
Weil man bekanntlich ohne Geld
Mit Ehren weder in die Welt
  Noch aus der Welt kann reisen.

Da zahlt nun jeder Passagier,
  Will er hier anders weiter,
Zwei Pfenninge zur Mautgebühr
  Dem Seelenüberreiter,
Der da ihn visitieren muß,
Und darum auch *Diobolus*
  Romanae rotae heißet.

Doch der Zurückgelassenen
  Unzähliges Gewimmel
Schwebt lange gleich Amphibien
  Hier zwischen Höll' und Himmel
Und singet: *Miseremini!*
Bis sich wer findet, der für sie
  Ein paar Siebzehner zahlet.»

Es fand auch Palinur sich hier;
  Der kam und sprach: «O lieber
Aeneas, schwärze mich mit dir
  Den Höllenfluß hinüber!
Ich bin sehr klein itzt, schnupfe mich
Als Schnupftabak und schneuze dich
  Am andern Ufer wieder.»

Allein die Alte sprach: «Laß ab,
  So was von uns zu flehen,
Und warte, bis an deinem Grab
  Drei Wunder sind geschehen
Und man dich förmlich einst plombiert,
So wird dein Leib, schön ausstaffiert,
  Auf einem Altar prangen.»

Doch Charon, der die Reisenden
  Itzt sah, fing an zu fluchen
Und rief: «Was habt ihr Laffen denn
  In unserm Reich zu suchen?
Meint ihr, die höll'sche *Camera*
Obscura sei für euch nur da,
  Um drin herum zu schnüffeln?

Da kömmt nun alle Augenblick
  Ein Schnapphahn voller Quinten
Zu uns herab, sucht hier sein Glück,
  Begafft uns vorn und hinten,
Zieht dann nach seiner Oberwelt

Und läßt von uns für teures Geld
  Infame Lügen drucken.

Der eine malt uns Teufel weiß,
  Der andre schwarz wie Mohren,
Der findet unsre Hölle heiß,
  Der andere gefroren:
Der bringt aus Furcht uns Opfer dar,
Und jener nennt uns offenbar
  Popanze für die Kinder.

Der sagt, wir wären wasserscheu
  Als wie die tollen Hunde,
Und der wirft Seelenmaklerei
  Uns vor mit frechem Munde;
Der gibt uns Schwänz' und Pferdehaar',
Und jener sagt, wir sähen gar
  So aus wie eure Hahnrei.»

So schnurrte sie der Alte an:
  Allein sein Zorn war eitel;
Denn flugs griff unser frommer Mann
  In seinen seidnen Beutel
Und sprach: «Ihr werdet durstig sein,
Da habt ihr auf ein Paar Maß Wein;
  Geht, Alter, führt uns über!»

Wer schmiert, der fährt zu Land und See;
  Denn sieh! der graue Schimmel
Nahm willig itzt die alte Fee
  Und unsern großen Lümmel
In seinen Kahn, ein kleines Ding,
Das leck schon war und Wasser fing
  Als wie ein alter Stiefel.

Das Wasser kam itzt in den Kahn
  Durch manche große Lücke;

Da frug der Held voll Angst, ob man
Das alte Zeug nicht flicke?
Doch Charon sprach: «Seit, wie ihr wißt,
Die Überfahrt verpachtet ist,
Wird nichts mehr reparieret.»

Sie kamen dennoch endlich wohl-
Behalten übern Strudel;
Allein am andern Ufer boll
Ein großer schwarzer Pudel;
Der hält hier Wache auf der Streu
Und zwickt die Seelen, die vorbei
Passieren, in die Waden.

Schon wollt' Aeneas zitternd sich
Vor diesem Hund verstecken;
Allein Madam rief: «Kusche dich!»
Und warf ihm ohne Schrecken
Ein frisches *Agnus Dei* vor:
Und sieh! der Pudel hing das Ohr
Und kroch in seine Höhle.

Die Vorhöll' war der erste Ort,
Den sie besahn in Eile:
Die kleinen Kinder hatten dort
Erbärmlich Langeweile
Und weinten drum, hieher gebannt,
Im hohen kläglichen Diskant
Ein unaufhörlich Tutti.

Sie hielten hier nicht lang sich auf,
Verließen das Gewimmer
Von Kindern und erblickten drauf
In einem schwarzen Zimmer
Das hochnotpeinliche Gericht,
Wo man den Seelen 's Stäbchen bricht
Und sie justifizieret.

Sie mischten da sich in die Schar
  Und sahn und hörten manches:
Als Richter saß hier Eskobar
  Und Busenbaum und Sanchez.
Dabei befand als Auskultant
Mit taubem Ohr und offner Hand
  Sich ein *Auditor rotae.*

Hier schrieb auf eine Eselhaut
  Ein Teufel alle Sünden,
Und dorten mußt' ein andrer laut
  Die Sündentax verkünden:
Wie teuer nämlich Hurerei
Und Meuchelmord und Blutschand sei,
  Um absolviert zu werden.

Klement, der Königsmörder, ward
  Soeben vorgeführet,
Er ward in ihrer Gegenwart
  Summarisch inquirieret:
Und sieh! man absolviert den Wicht
Und zweifelt noch, ob man ihn nicht
  Auch heiligsprechen sollte.

Drauf wurde dem Triumvirat
  Herr Werther vorgeführet
Und von dem höllischen Senat
  Sehr scharf examinieret;
Die Herrn votierten drauf, und da
Ward er *per unanimia*
  Dem Teufel übergeben.

Hierauf kam eine Frau, die so
  In ihren Sohn entbrannte,
Daß sie, weil dieser vor ihr floh,
  Den Dolch ins Herz ihm rannte;
Doch weil sie fromm gestorben war,

So durfte sie nur auf ein Jahr
  Den Höllenschornstein fegen.

Dann eine andre, die ihr Mann
  Durch Geld zum Fall einst brachte,
Der als verkleideter Galan
  Sich selbst zum Hahnrei machte;
Die kriegte, weil der Wille zwar
Sehr schlecht, doch echt der *Partus* war,
  Nur sieben Vaterunser.

Hierauf Madam Eriphyle,
  Die nicht viel besser dachte
Und eine zweite Bethsabee
  An ihrem Ehmann machte;
Die wurde, weil ihr Herr Galan
Ein König war, dem Urian
  Auf ewig überliefert.

Drauf kam Euadne, die sich kühn
  Das Leben einst verkürzte
Und sich zu ihrem Ehmann in
  Den Scheiterhaufen stürzte;
Auch dieser ward mit scharfem Ton,
Daß sie der Inquisition
  Ins Handwerk griff, verwiesen.

Und dann Laodamia, die
  Mit ihres Mannes Schatten
Sich noch aus lauter Sympathie
  Versuchte zu begatten;
Doch weil sie um Vergebung bat,
So sprach Herr Sanchez: «*Transeat!*
  Sie war in der Verzückung.»

Aeneas schlich sich fort, noch eh
  Die Herrn ihn observierten,

Und kam itzt in die Seufzallee,
  Wo die Verliebten girrten.
Es wehten hier nur Seufzerchen,
Und auf den Blumen zitterten
  Anstatt des Taues – Tränen.

Hier mußt' ein armer Seladon
  Die Hosen durch sich knieen,
Da war ein Donquischottchen schon
  Bereit, sie auszuziehen;
Dort stand Petrark, der arme Narr,
Und sah, wie Laura sich ihr Haar
  In seine Lieder wickelt.

Auch die verlaßne Dido fand
  Aeneas hier in Tränen.
Er küßte zärtlich ihr die Hand
  Und wollte sie versöhnen:
Doch die erzürnte Schöne griff
Nach einer Nadel, und da lief
  Der Held, so weit er konnte.

Und nun begegnet' ihm voll Schmerz
  Sychäus, Didos Gatte,
Mit welchem er einst Didos Herz
  Und Bett halbieret hatte.
Der Held erkannte ihn mit Müh':
Denn ach, er sah euch aus als wie
  Der Mond im ersten Viertel.

Nun kam er endlich zur Partei
  Der Helden, die im trüben
Und langen Kampf mit Tyrannei
  Und Aberglauben blieben,
Und welche der Verfolgung Hand
In diese Gegend hergebannt,
  Um da nun auszuschnaufen.

Viel ruhiger als in Paris
  Schlief hier bei seinem Bruder
Der Hugenott, und Luther hieß
  Hier nicht zum Spott ein Luder:
Und frei vom blutigen Komplott
Aß ruhig hier sein Vesperbrot
  Der Franzmann mit dem Welschen.

Und hier ereiferte gewiß
  Sich kein zelot'scher Schreier
Domingos für den Glauben bis
  Zum Scheiterhaufenfeuer:
Im Kühlen gingen hier einher
Die frischgebratnen Martyrer
  Aus Lissabon und Goa.

Kein Synodus ließ hier dem Huß
  Die Finger mehr verbrennen,
Hier durfte sich Febronius
  Bei seinem Namen nennen;
Und auch der ehrliche Jean Jacques
Sucht' hier ohn' allen Schabernack
  Nach Wahrheit und nach Kräutern.

Indes stach schon die Sonn' erhitzt
  Die Menschen auf die Köpfe
Und guckte durch den Schornstein itzt
  In ihre vollen Töpfe.
Da sprach Sibylle: «Schon zwölf Uhr
Vorbei, und wir sind immer nur
  Noch in der höll'schen Vorstadt!»

«Du siehst hier», fuhr sie fort, «vor dir
  Zween wohlbetretne Pfade:
Der gehet nach Elysium hier,
  Und jener führt gerade
Zur großen Tartarei uns hin,

Wo Luzifer von Anbeginn
   Als Tartarchan regieret.»

Der Held sprach: «Zeigt mir vor der Hand
   Die höllischen Kalmucken:
Das himmlische Schlaraffenland
   Will ich hernach begucken.»
Da führte nun die Priesterin
Zur Teufelsburg den Helden hin,
   Die sieben Tore hatte.

Am ersten Tore fing man schon
   Die Trommel an zu rühren,
Und eine ganze Legion
   Von höll'schen Grenadieren
Macht' unsern beiden Fremdlingen
Parade mit hellglühenden
   Kanonen auf der Schulter.

Sie waren equipiert als wie
   Gewöhnliche Soldaten,
Nur mit dem Unterschied, daß sie
   Die Zöpf' am Hintern hatten:
Sie waren rot und schwarz dazu
Montiert, ganz *à la Marlborough*,
   Wie unlängst unsre Damen.

Sie präsentierten das Gewehr
   Vor unserm frommen Helden,
Und dieser ließ bei Luzifer
   Als Reisender sich melden;
Der war so gnädig und befahl,
In seinem Zuchthaus überall
   Ihn frei herum zu führen.

Die große Höllenküche sah
   Der Held nicht ohne Regung.

Viel tausend Hände waren da
  Soeben in Bewegung,
Um für des Satans leckere
Gefräßigkeit ein groß Soupé
  Auf heute zu bereiten.

Als Oberküchenmeister stand
  Mit einem Herz von Eisen
Hier Pater Kochem und erfand
  Und ordnete die Speisen.
Er ging beständig hin und her
Und kommandiert' als Oberer
  Das Küchenpersonale.

Hier sott man Wuchrerseelen weich,
  Dort wurden Advokaten
Gespickt, da sah man Domherrnbäuch'
  In großen Pfannen braten;
Und dort stieß man zu köstlichen
Kraftsuppen die berühmtesten
  Genies in einem Mörser.

Hier pökelt man Prälaten ein,
  Dort frikassiert man Fürsten,
Da hackt man große Geister klein
  Zu Cervelate-Würsten;
Da hängt man Schmeichler in den Rauch
Und räuchert sie, dort macht man auch
  Aus Kutscherseelen Roastbeef.

Hier steckt ein Aristoteles
  Im Kohl bis an die Füße,
Und dort dreht sich Origenes
  Als ein Kapaun am Spieße:
Daneben kräht ein Rezensent,
Und aus den süßen Herrchen brennt
  Man dorten Zuckerkandel.

Der richtet feige Memmen zu
Und brät sie wie die Hasen,
Der kocht ein köstliches Ragout
Aus lauter Schurkennasen:
Der gibt ein paar Tyrannen hier
Mit Menschenblute ein Klistier
Und macht aus ihnen Plunzen.

Hier bäckt man feines Butterbrot
Aus weichen Menschenseelen,
Statt Krebsen siedet dort sich rot
Ein Schock von Kardinälen;
Der macht Gelee aus Witzlingen,
Und dort hofiert ein Teufelchen
Als Bock *Diabolini*.

Zu diesem Mahl ließ Luzifer
Den frommen Helden laden;
Allein Aeneas dankte sehr
Für alle diese Gnaden
Und exkusierte sich damit:
Er habe seinen Appetit
Auf lange Zeit verloren.

Ohn' also hier auf Appetit
Nach Höllenfleisch zu warten,
Ging er, um Luft zu schöpfen, mit
Madam in Satans Garten.
Sie fanden ihn abscheulich schön,
So gut war mit dem Gräßlichen
Das Schöne hier vereinigt.

Der Hölle siebenfache Nacht,
Die nie ein Tau befeuchtet,
War hier in fürchterlicher Pracht
Mit Bonzenfett erleuchtet.
Ein Stück Illumination,

Das manche schwere Million
 Den Christen schon gekostet.

Die wunderschönsten Blumen sah
 Man in den Blumenbeeten:
Als Teufelsaugen glühten da
 Leichtfertige Koketten,
Und dort saß, ohne Zopf und Schopf,
Ein Stutzerchen als Totenkopf
 Auf einem Teufelsabbiß.

Die Damen, die dereinst die Scham
 üchschen bei sich führten,
, wenn sie die Lust ankam,
auf die Wangen schmierten,
n als Feuerrosen hier,
h! sie überglühten schier
Abendrot der Hölle.

inkten alte Jüngferchen
onst als Herbstzeitlosen,

gten sich Mistkäferchen
eilen Skabiosen,
radierten Könige,

en, Grafen, Herzoge

msterdamer Tulpen.

Hier auf den Bäumen zitterten
 Statt Espenlaub Soldaten,
Die einst sich aus dem feindlichen
 Gedräng geflüchtet hatten:
Und statt der Nachtigallen plärrt
Im tausendstimmigen Konzert
 Ein Mönchschwarm dort die Mette.

Allein nichts glich den Statuen,
 Die hier sich ließen sehen:

Man sah hier die lebendigen
  Originale stehen
Von Leuten, die die Oberwelt
In Copia für teures Geld
  Auf Postamenten ehret.

Die Männer, die ins schwarze Buch
  Der Menschheit sich durch Taten,
Belastet mit der Erde Fluch,
  Einst eingeschrieben hatten,
Die sah man hier auf feurigen
Piedestalen glühend stehn,
  Sich selbst zum ew'gen Denkmal.

In großer Glorie stand da
  Mit seiner frommen Schwester
Pachomius, der Urpapa
  Der Mönch- und Nonnenklöster,
Und trug, zur Erde tief gebückt
Und wie vom schwersten Stein gedrückt,
  Den Fluch von Millionen.

Dann auch die bösen Päpste, die,
  Um Blut nicht zu vergießen,
Am Feuer der Orthodoxie
  Die Ketzer braten ließen;
Als ewiges Autodafé
Stand drum hier auch der spanische
  Mordbrenner, Senor Brandturm.

Der erste Menschenjäger, der
  Gleich Tieren Menschen jagte,
Der erste weiße Teufel, der
  Die armen Neger packte,
Die standen beide glühend hier
Und riefen laut: «Ihr Schinder, ihr!
  Lernt doch das *Ius naturae!*»

Herr Höllenbrand, der einst die Herrn
 Im schwarzen Rock so plagte,
Und selbst der Liebe Predigern
 Das Lieben untersagte:
Der lag auf einem Felsen hier,
Und ach! der Geier der Begier
 Frißt ewig ihm am Herzen.

Und als ein zweiter Jupiter,
 Mit nachgemachten Blitzen,
Mußt' hier auf seinem Throne sehr
 Ein Franziskaner schwitzen
Für das erfundne Pülverchen,
Das Menschen frißt zu Tausenden
 Und schwarz ist wie sein Name.

Auch Tonti, der die Sterblichen
 Das Lottospielen lehrte
Und durch getäuschte Hoffnungen
 Der Menschen Elend mehrte,
Den lehrte hier Tisiphone
Mit einer Rute bessere
 Äquationen machen.

Und der zum feindlichen Duell
 Der Zeit, die lang ihm worden,
Die erste Karte als Kartell
 Geschickt, um sie zu morden,
Der spielte mit der Ewigkeit
Hier um den letzten Stich schon seit
 Mehr als vierhundert Jahren.

Madam Sorel, die einst im Haar
 Den ersten Schmuck getragen,
Und auch Kleopatra, die gar
 Einst Perlen trug im Magen,
Die büßten ihre teure Lust

Und trugen hier um Hals und Brust
  Die schönsten Feuersteine.

Doch als sie weiter einen Mann
  An Ohren, Nas' und Armen
Verstümmelt und zerrissen sahn,
  So frug ihn voll Erbarmen
Der Held: «Du armer Narr, was hast
Denn du getan? Du bist ja fast
  Wie Marsyas geschunden!»

«Ich bin ein Jesuit», sprach er,
  «Der Klassiker edierte,
Doch jeden dieser Herrn vorher
  Mit frommer Hand kastrierte;
Und wie ich den Ovidius
Der Welt gab, so verstümmelt muß
  Ich hier mich produzieren.»

Allein nichts fand er gräßlicher
  Im ganzen Höllengrunde
Als eine Koppel wütiger
  Ergrimmter Fleischerhunde,
Die mit heißhungriger Begier
Aus einem Menschenschädel hier
  Das Hirn, ganz warm noch, fraßen.

«Wer sind denn diese Bestien»,
  Begann der Held zu fragen,
«Die hier zu ganzen Dutzenden
  An einem Schädel nagen?
Und ach! wer ist der arme Tropf,
Der den Kanaillen seinen Kopf
  Zum Futter geben mußte?»

«Nachdrucker sind», erwiderte
  Sibylle, «diese Hunde,

Das allerunverschämteste
  Gezücht im Höllenschlunde,
Das stets nur nach Autoren jagt,
Die Armen bei den Köpfen packt
  Und ihr Gehirn verzehret.»

«Auch ich», versetzt Aeneas, «bin
  Nicht sicher vor den Tieren»,
Und ließ von seiner Priesterin
  Sich eilends weiter führen.
Madam Sibylle ging voraus
Und wies ein großes Vogelhaus
  Ihm in dem Höllengarten.

Hier fand der Held die ganze Schar
  Der Aner, Iner, Isten
In einem Käfig, unzählbar,
  Als Papageien nisten:
Sie disputierten allerhand,
Wovon der Held kein Wort verstand
  Als hie und da ein – «Spitzbub!»

Drauf sah der Held am Ende noch
  Auf einem Haufen, größer
Als der vom Römermist, jedoch
  Nicht um ein Härchen besser,
Das übrige, hier modernde
Und täglich sich vermehrende
  Auskehricht unsrer Erde.

Und sollt' ich, liebe Damen, um
  Die Zeit euch zu vertreiben,
Euch all den Mist, der hier herum
  Beisammen lag, beschreiben,
So müßtet ihr zum mindesten
Dazu mir eure Züngelchen,
  Die nie ermüden, leihen.

Wie der teure Held nach Elysium kam, um seinen Vater heimzusuchen, und was er da für Wunderdinge sehen und hören tät.

Voll Schrecken, Angst und Furcht verließ
 Der Held den Ort der Buße
Und kam itzt in das Paradies
 Der ewig frohen Muße,
Wo man, auf Rasen hingestreckt,
So ganz die süße Wonne schmeckt
 Des sel'gen *far niente.*

Hier trug um jede Jahreszeit
 Das Firmament zur Freude
Der Herrn Elysier ein Kleid
 Von himmelblauer Seide,
Mit sanftem Purpurrot verbrämt,
So wie wenn sich ein Mädchen schämt
 Bei offenen Gardinen.

Das Wasser war hier Milchkaffee,
 Das Erdreich Schokolade,
Gefrornes aller Art der Schnee,
 Die Seen Limonade,
Der Rasen lauter Thymian,
Die Berge Zuckerhüt' und dran
 Die Felsen Zuckerkandel.

Champagner, Sekt und Met sah man
 An den Kaskaden schäumen,
Es wuchsen Torten, Marzipan
 Und Krapfen auf den Bäumen;
Die Flüsse führten Wein und Bier,
Und Maulwurfshügel waren hier
 Die köstlichsten Pasteten.

Gebraten kömmt hier ein Fasan,
Das Sauerkraut zu zieren,
Gespickt läuft dort ein Has heran
Und fleht, ihn zu tranchieren.
Hier legt die Henn' auf den Salat
Ihr Ei, dort wälzt ein Schwein anstatt
Im Kot sich in der Sauce.

Hier kriegt ein armer Schüler statt
Des Brots Prälatenfutter,
Da haut ein wackerer Soldat
Sich ein in Käs und Butter,
Dort schifft ein Admiral daher
Auf einem ganzen roten Meer
Von köstlichem Burgunder.

Gold gab's wie Mist, und doch hieß man
Hier niemand Ihro Gnaden:
Die Bankozettel brauchte man
Nur auf den Retiraden,
Und oh, Brillanten trug man hier
An jedem Finger, größer schier
Als unsre Quadersteine.

Man sah hier Menschen aller Art:
In Jacken und Soutanen,
Mit langem und geschornem Bart,
Mit Mützen und Turbanen,
Mit Hüten von verschiednem Schnitt,
Doch ach! sehr wenige nur mit
Birreten und Tiaren.

Hier flochten Jungfern einen Kranz
der Jungferschaft zu Ehren,
Da hüpften sie im Reihentanz
Bei der Musik der Sphären,
Dort zog ein frommer Ehemann

Die Ehstandshosen wieder an,
  Die einst sein Weib getragen.

Hier schmauchen Solon, Wilhelm Penn,
  Konfuz und Zoroaster
Und Montesquieu beim himmlischen
  Bierkrug ihr Pfeifchen Knaster
Und lesen dann, wenn ihnen sehr
Die Zeit lang wird, den Erlanger
  Und Schlözers Staatsanzeigen.

Sankt Locke hier anatomiert
  Bis auf die ersten Keime
Die Wahrheit, dort realisiert
  Sankt Plato seine Träume,
Da lehret und katechisiert
Sankt Sokrates und dirigiert
  Die himmlische Normalschul.

Hier singt beim frohen Dichtermahl
  Anakreon Gleims Lieder,
Und dort umarmen Juvenal
  Und Swift sich als zween Brüder,
Da stimmt man Klopstocks Hymnen an,
Dort trinkt Horaz und Lukian
  Auf Wielands Wohlergehen.

Hier disputieret über Wahn
  Sankt Pyrrho mit Sankt Lessing,
Und da begleitet Ossian
  Mit seinem Horn von Messing
Ein Lied von Kleist, dort greift Homer
Auf seiner Harfe hin und her
  Und singet die Lenore.

Hier kann an einer Opera
  Sich Ohr und Auge weiden,

Da spielet Sankt Cecilia
   Ein groß Konzert von Haydn,
Und dorten singen Engelchen
In Maras Ton und Gluckischen
   Akkorden Alleluja.

Drauf sahn sie noch die himmlischen
   Und großen Raritäten:
Als – Pfarrer ohne Köchinnen
   Allein in keuschen Betten,
Poeten ohne Eitelkeit,
Dann Reiche, die das Geben freut,
   Und Fürsten ohne Buhlschaft.

Und alle diese Glücklichen,
   Die unter Edens Bäumen
Hier frei von allen Kränkungen
   Die Ewigkeit durchträumen,
Die gingen hier *en negligé*
Und hatten musselinene
   Schlafhauben auf den Köpfen.

Nun dacht' Aeneas erst daran,
   Anchisen nachzufragen.
Er frug den nächsten besten Mann:
   «Kann mir der Herr nicht sagen,
Wo hier mein Herr Papa logiert?
Er hat hieher mich invitiert
   Und heißt: Herr von Anchises.»

«Der wohnt im Wirtshaus dort, wo man
   Den besten Lethe schenket,
Der so besoffen machen kann,
   Daß man an nichts mehr denket:
Die Seelen, welche von hier fort
Marschieren müssen, trinken dort
   Noch den Johannissegen.»

Aeneas lief ins Wirtshaus hin,
  Genannt «Zur goldnen Tonne»,
Und kaum erblickt' Anchises ihn,
  So rief er voller Wonne:
«Nu, bist du endlich einmal da?
Schon glaubt' ich dich in Libya
  So gut als eingepökelt!

Ich habe dich hieher zitiert,
  Um dich, was aus den Rassen
Der Römer einst noch werden wird,
  In nuce sehn zu lassen.
Drum komm auf den Altan zu mir
Herauf, mein Sohn, ich will dir hier
  Die künftgen Römer zeigen.

Sieh da auf jene Wiese hin:
  Zween Knaben, die sich boxen,
Die werden, ehe noch am Kinn
  Die Haare ihnen wachsen,
Dereinst an deiner Römer Hof –
Der als ein kleiner Erzbischof[1]
  Und der als Bischof[2] glänzen.

Dem wird das Papsttum sein Papa
  Einst erblich hinterlassen[3],
Und den wird seine Frau Mama
  Zum Papste machen lassen,
Eh er ins Mannesalter tritt[4],
Und dem dort küßt man gar schon mit
  Zwölf Jahren den Pantoffel[5].

Der hier wird einst die weltlichen
  Monarchen imitieren
Und sich der erste für Souv'rän
  Gleich ihnen deklarieren:
Ja, was kein König prätendiert,

Sogar sein eigner Vater wird
  Papa ihn schelten müssen[6].

Der hier wird einst den Erdenball
  Mit Abfahrtgeld besteuern[7],
Und der die Woche ein paarmal
  Den Stockfisch sehr verteuern:
Dort dein Herr Namensvetter wird,
Wenn er dereinst in Rom regiert,
  Nach dir sich Pius nennen.

Der wird mit Dispensation
  Und Indulgenzen handeln
Und jede Absolution
  In bares Geld verwandeln[8],
Und der dort mit dem Judashaar
Verschachert dir dereinst sogar
  Die päpstliche Tiare[9].

Auf den hier harrt ein schrecklicher
  Krieg über die Kapuzen[10];
Dort unter dem wird man nicht mehr
  Die Engelländer stutzen[11];
Von dem, der hier Tobak schnupft, wird
Der Schnupftobak einst kondemniert[12],
  Von jenem dort die Bibel[13].

Doch sieh! dort zeiget sich am Strom
  Ein Mann von seltnen Gaben;
Denn dieser Lieutenant von Rom[14]
  Wird einst die Keckheit haben,
Mit einer Hand die Mächtigen
Der Erd' und mit der anderen
  Den Himmel selbst zu packen.

Er hält wie Jupiter die Welt
  Mit seinen Augenbrauen

Und wird, wohin sein Blick nur fällt,
Zerstören oder bauen;
Denn sieh nur, sieh! die mächtige
Gebogne Nas', und drauf die *Ple-
nitudo potestatis!*

Er wird sich eine zweite Kron'
Um seine Kappe winden[15]
Und dann sich eine Rute von
Gestähltem Eisen binden,
Damit wird er, wie irdene
Gefäße, dann die Könige
Zu tausend Scherben schlagen[16].

Zwei Schwerter werden immer fest
In seiner Scheide stecken;
Sein Reich wird er von Ost bis West,
Der Sonne gleich, erstrecken
Und seine weisen Satzungen
Bis auf den allergeistlichsten
Artikel – auf die Münzen[17].

Mit ihm beginnt der Christenheit
Das goldne Jubiläum;
Da läuft denn alles weit und breit
Zum römischen Te Deum
Und singt den Panegyricus:
Heil, Heil dem Bonifazius,
Qui nihil boni fecit!

Und oh, wer wird dich ungenannt,
O Cossa[18], präterieren!
Du wirst zu Wasser und zu Land
Als ein Korsar regieren;
Und wenn du, hocherlauchter Fürst,
Einst dieses Handwerks müde wirst,
Wirst du ein Reitknecht werden[19].

Der dort, ein zweiter Julius,
  Wird Cäsarn imitieren
Und *in Pontificalibus*
  Armeen kommandieren[20],
Um zu beweisen, als ein Held:
Sein Reich sei nicht von dieser Welt –
  Subaudi – unterschieden.

Doch der wird mit dem Federkiel
  Weit trefflicher hantieren
Und jedem – der's erobern will –
  Ein schönes Land zedieren.
Mit Königen wird er so, wie
Im Schachbrett, und mit Kronen wie
  Mit Haselnüssen spielen[21].

Und dort der finstre stolze Mann
  Wird einst sehr wenig lachen:
Er wird sein Schwert – man sieht ihm's an –
  Zum Henkerschwerte machen;
Das größte Monument, das je
Die Ehrbegier sich meißelte,
  Wird er sich selbst errichten[22].

Hier siehst du endlich einmal den
  Dir oft versprochnen Weisen:
Ihn wird, als den «Gesegneten»[23],
  Die späte Nachwelt preisen.
Was einst Voltaire ihm dediziert
Und die Sorbonne kondemniert,
  Wird er als Weiser schätzen.

Doch sieh! dort kömmt der größte Mann[24],
  Der, wenn man ihm's vergönnte,
Uns, was Rom Böses je getan,
  Vergessen machen könnte:
Er wird den heil'gen Müßiggang,

Der ein Fünfteil des Jahrs verschlang,
  Zum Wohl der Menschen mindern.

Es wird einst, den Giganten gleich,
  Ein Orden auf sich türmen,
Der wird wie sie das Himmelreich
  Und Kirch und Staat bestürmen:
Und dieser mächtige Koloß
Wird, so wie Troja, lang dem Stoß
  Der Fürsten widerstehen.

Dem argen Volke wird er keck
  Dereinst die Hälse brechen
Und unsere Parvistenböck'
  An ihren Lehrern rächen;
Allein nur zeigen, ach, wird man
Der Welt den edlen teuern Mann
  Und ihr ihn wieder nehmen.»

So ließ er alle Römlinge
  Die Musterung passieren,
Drauf führt' er beide Reisende
  Zu zwei verschiednen Türen:
Die eine war von Elfenbein,
Die andre von den Hirschgeweihn
  Zweibeiniger Zehnender.

Durch diese konnte nun getrost
  Der Held nach Hause gehen.
Er ließ vom nächsten Ost-Süd-Ost
  Sich nach Cajeta wehen.
Dort, liebe Leser, mag er denn
So lang, bis wir ihn wieder sehn,
  Gemach vor Anker liegen.

ALOYS BLUMAUERS ANMERKUNGEN ZUM SECHSTEN BUCH

[1] Herbert Graf von Vermandois ließ im Jahre 925 seinen Sohn Hugo, der noch kaum fünf Jahre alt war, zum Erzbischof von Reims erwählen, und Papst Johann X. bestätigte diese Wahl.

[2] Papst Sixtus IV. bewilligte Alphonsen, einem unechten Sohn Ferdinands, Königs von Aragonien, ehe er noch sechs Jahre hatte, das Bistum von Saragossa.

[3] Papst Silverius war ein Sohn des Papstes Hormisdas.

[4] Die mächtige Marozia ließ bekanntlich im Jahre 931 ihren Sohn, der noch nicht 25 Jahre hatte, unter dem Namen Johann XI. zum Papst erwählen.

[5] Benedikt IX. war, als man ihn im Jahre 1033 zum Papst wählte, nicht älter als zwölf Jahre.

[6] Theodor I. war der erste, der sich *Summus pontifex* nennen ließ, und der letzte, den seine Mitbischöfe Bruder nannten.

[7] Klemens V., Urheber der Annaten.

[8] Leo X. und vornehmlich Johann XXII. Unter ihm entstanden die *Taxae cancellariae apostolicae* und *poenitentiariae apostolicae*, die im Jahre 1514 in Rom und nachher oft und vielmal gedruckt wurden.

[9] Benedikt IX. trat Gregorn VI. das Papsttum für eine Summe von 1500 Livres Deniers ab.

[10] Johann XXII.

[11] Dies ward unter Papst Hadrian im Jahre 787 verboten.

[12] Urban VIII.

[13] Gregor IX.

[14] Bonifaz VIII.

[15] Bonifaz VIII. umgab die päpstliche Tiara mit einer zweiten Krone.

[16] Aller dieser Ausdrücke bediente sich Bonifaz VIII. in einer seiner Bullen.

[17] In seiner Bulle *Ausculta fili* machte Bonifaz VIII. Philipp dem Schönen, König in Frankreich, bittere Vorwürfe über die Veränderung der Münzen, die derselbe in seinem Reiche vornahm.

[18] Johann XXIII. [Gegenpapst, 1410–1415] hieß mit seinem Geburtsnamen Cossa.

[19] Er war in seinen jüngeren Jahren ein Seeräuber, und als ihn das Concilium zu Konstanz abzusetzen im Begriff war, entfloh er, als ein Reitknecht verkleidet, aus Konstanz.

[20] Julius II. belagerte Mirandola in eigener Person.

[21] Innozenz III.

[22] Sixtus V. Um sich zu verewigen, ließ er den großen Obelisken aufstellen, den Caligula aus Spanien nach Rom hatte bringen lassen.

[23] Benedikt XIV.

[24] Klemens XIV.

ANMERKUNG DES HERAUSGEBERS

«Ihr Herrn, aus deren Feder Tod / und Leben willig fließen, / sagt, macht ihr euch denn nicht vor Gott / und Menschen ein Gewissen / ob eurer Federn Mordbegier? / Bedenkt doch, daß die Welt – und ihr – / viel lieber lacht als weinet!» Der hier den Herren Dichtern so ernst ins Gewissen redet, hat sich denn auch selbst seinen Nachruhm nicht durch das Weinen, sondern durch das Lachen erworben: Nicht mit seiner Tragödie «Erwine von Steinheim», sondern mit seiner Aeneis-Travestie ist Aloys Blumauer bis heute bekannt geblieben.

Aloys Blumauer zählt zu den hervorragenden Repräsentanten der Josephinischen Aufklärung im späten achtzehnten Jahrhundert. Von 1781 an wirkte Blumauer in Wien für mehr als ein Jahrzehnt, bis 1793 bzw. 1794, als Kaiserlicher Hofzensor und als Herausgeber des «Wienerischen Musenalmanachs». In diesen achtziger Jahren entstand die Aeneis-Travestie; ihre drei Bände, die Bücher 1–9 umfassend, erschienen 1784, 1785 und 1788 in der Wiener Buchhandlung Rudolph Gräffer, deren Leitung Blumauer von 1793 an übernahm. Im Jahre 1798, mit zweiundvierzig Jahren, ist Blumauer in Wien gestorben.

Eine Travestie ist kein Kunstwerk eigenen Rechts; allein vor dem Hintergrund des Originals kann ihre parodistische Wirkung voll zur Geltung kommen. Darum sind für diese Neuausgabe die Bücher ausgewählt worden, die traditionsgemäß zum Kanon der Schullektüre gehören: das erste, das zweite, das vierte, das sechste. Der Seesturm und der Schiffbruch der Aeneaden, der Fall Trojas und die tragische Begegnung des Aeneas und der Dido boten dem frivolen Spiel der Blumauerschen Travestie dankbare Vorlagen; die Unterweltsfahrt des sechsten Buches hat Blumauer zu einem grandiosen Höllen- und Himmelsgemälde ausgestaltet. Diese vier Bücher sind hier vollständig und – abgesehen von der Orthographie – unverändert auf Grund der Erstausgabe von 1784–88 wiedergegeben.

Kilchberg, im August 1975 KLAUS BARTELS

Dialog mit der Antike
Herausgegeben von Klaus Bartels

Terenz, Die Brüder

in Comics gezeichnet von Helmut Oberst, mit ausführlichem Wörterverzeichnis, München 1975, 96 Seiten.
Das englische «Comics» kommt wie unsere «Komödie» von der griechischen «*komodia*» – warum nicht eine Komödie der Antike in Comics des 20. Jahrhunderts vorstellen? Die «Brüder» des Terenz stehen uns heute besonders nahe: Ihr Thema ist der alte, nie ausdiskutierte Gegensatz zwischen liberaler und autoritärer Erziehung, der erst jüngst unter dem Schlagwort «antiautoritäre Erziehung» zum Gegenstand weltweiter Diskussion geworden ist. Zwei ungleiche Brüder stehen einander gegenüber: Der eine erzieht seinen Sohn in Freundschaft und Vertrauen, der andere mit Zwang und Furcht. Zwei Liebesaffären und eine spektakuläre nächtliche Entführung stellen die entgegengesetzten Erziehungsprinzipien auf eine harte Probe. Der originale Terenztext ist – von der unvermeidlichen Kürzung abgesehen – unverändert übernommen. Eine Übersicht über die Akt- und Szenenfolge und ein ausführliches Wörterverzeichnis erleichtern den Zugang zu dieser vergnüglichen Lektüre.

Schlau, schläuer, am schläusten

Ägyptische Humoreske, niedergeschrieben und abgemalt 1315 Jahre vor Christi Geburt von C. M. Seyppel, Hofmaler und Poet Seiner Majestät des Königs Rhampsinit III. Neu herausgegeben von Elisabeth Staehelin, München 1974, 64 Seiten.
Im Jahre 1882 publizierte C.M. Seyppel seine «Ägyptische Humoreske» als einen «Zeugen der großen Culturepoche des alten Aegyptens, welcher Tausende von Jahren im Schoße der Mutter Erde geschlummert», als die «*einzige* auf unsere Tage gekommene Probe der Dichtkunst und Malerei der alten Aegypter». «So wandere nun hinaus, geliebter Schatz, auferwecket nach 3000jährigem Scheintode, befreit aus dem dunkeln Grabe, in die sonnige Welt zur Belehrung und Erheiterung unserer und späterer Generationen ...» «Schlau, schläuer, am schläusten», ein Vorläufer der Comics wie die Bildergeschichten Wilhelm Buschs, erzählt in Bild und Vers die Herodot-Novelle von König Rhampsinit und dem Meisterdieb.

Dialog mit der Antike
Herausgegeben von Klaus Bartels

Für und wider die Ehe

Antike Stimmen zu einer offenen Frage, zusammengestellt und übersetzt von Konrad Gaiser, München 1974, 112 Seiten.
Wunsch für ein junges Mädchen (Homer) – Bäuerlicher Rat (Hesiod) – Alte Weisheiten (Bias, Pittakos, Thales, Solon) – Stoßseufzer aus dem Theater (Euripides) – Phantastische Reformidee (Aristophanes) – Pessimistische Betrachtung (Antiphon) – Natürliche Rollenverteilung (Xenophon) – Politische Utopie (Platon) – Einwände eines Denkers (Theophrast) – Durch Schaden wird man klug (Menander) – Zynismus (‹Diogenes›) – Ermutigung aus der Stoa (Antipater) – Plädoyer für die Unabhängigkeit (Epiktet) – Wahre Liebe (Plutarch) – Abschreckende Erfahrungen (‹Lukian›) – Anleitung zu einer Hochzeitsrede (‹Dionysios›) – Ansichten eines Hagestolzes (Plautus) – Römisches «Make Love – Not War» (Properz) – Worte der Römer (Cato, Varro, Cicero, Seneca).

Theophrast, Charakterskizzen

eingeleitet, verdeutscht und erläutert von Horst Rüdiger, mit dreißig Illustrationen von Isaac Taylor, München 1974, 96 Seiten.

Was ist der Mensch?

Texte zur Anthropologie der Antike, zusammengestellt von Klaus Bartels, München 1975, 112 Seiten.
Im Menschenbild der Antike sehen wir uns im Spiegel unseres geistigen Ursprungs. Die Texte der Sammlung ordnen sich in zwölf vielfach korrespondierende Themenkreise: Aufrechter Gang, Werkzeuggebrauch – Vernunft und Sprache – Das «staatenbildende Wesen», Recht, Staat, Weltstaat – Macht und Recht – Der Wolf im Menschen – Hinfälligkeit und Verletzlichkeit, Kürze des Lebens – Wechsel des Glücks, menschliche Solidarität – Hybris, tragische Grenzüberschreitung – Sittliches Handeln, Lebenserfüllung – «Irren ist menschlich» – Sokratisches Nichtwissen, «Philosophie» – Geistige Bildung, Wissenschaft, Göttlichkeit.